自公連立解体論

自由主義が衰退すれば、日本は滅ぶ

白川勝彦
Katsuhiko Shirakawa

花伝社

自公連立解体論◆目次

はじめに――いま、なぜ自公問題なのか　5

序章　自民党政治は終焉するのか　25

1章　公明党、創価学会との一〇年戦争――何を戦ってきたのか　35

2章　諸悪の根源としての公明党　53

はじめに……54

1　自公〝合体〟政権に痛撃を……57

2　歴史的大敗が歴史を動かす……63

3　偉そうなことをいうな！……68

4　前代未聞の選挙のための連立……71

5 大連立構想の真の原因……77
6 自公〝合体〟政権は、すでに裸の王様である……83
7 〝伝家の宝刀〟が仇となる……89
8 特別な〝ねじれ〟を、一刻も早く解消せよ！……95
9 政教分離の黒白をつける矢野絢也氏の証人喚問……101

3章　創価学会党化した自民党

107
公明党との連立で創価学会党に変質した自民党……108
1 序にかえて……111
2 排他独善、高じて批判者を抹殺する自民党――その1……117
3 排他独善、高じて批判者を抹殺する自民党――その2……123
4 反自由的で非民主的となった自民党……132
5 詐術的・謀略的手段を平気で用いる自民党――その1……141
6 詐術的・謀略的手段を平気で用いる自民党――その2……150
7 理想や理念を求めようとしない俗物的体質……159
8 庇を借りて母屋を乗っ取る、寄生獣（パラサイト）的体質……169

9 おわりに……178

4章 自公〝合体〟政権批判 187

1 保守の信義にも悖る公明党との連立……188
2 野合ではなかった自社さ三党の連立政権……200
3 〝政権党でいたい〟という浅ましい醜悪な連立……212

5章 政教分離問題原論 233

1 自自公連立内閣は、憲法二〇条に違反する……234
2 政教分離原則を確認する――白川勝彦議員に聞く……246
3 改めていま、政教分離を考える……255

あとがき 265

はじめに——いま、なぜ自公問題なのか

土壇場で噴出した自公連立への疑念

私がこの本の版元である花伝社から『自自公を批判する』を出版したのは、二〇〇〇年（平成一二年）三月一日であった。一九九九年（平成一一年）一〇月に公明党との連立に踏み切った小渕恵三首相は、それから六ヶ月後の二〇〇〇年（平成一二年）四月二日に倒れ、五月一四日に他界した。〝自自公〟とは、自民党・自由党・公明党の連立のことである。小渕首相は自由党（党首・小沢一郎）との連立問題に腐心した。その心労が原因で倒れたといわれた。自民党は〝小沢悪者論〟を躍起になって囃したてた。自由党は同年四月一日に自自公連立政権から離脱した。

自由党は分裂し、その一部は連立に残留した。残留した議員が結成したのが保守党である。自自公は、〝自公保〟に変わった。小渕首相の急逝を受けて誕生したのは森喜朗内閣であった。森氏は、小渕首相の下で自民党幹事長を務めていた。自民党と公明党との連立の根回しや交渉を実際に行ったのは、森氏であった。森氏は首相に就任したが、人気は一向に出なく解散・総選挙に追い込まれていった。二〇〇〇年（平成一二年）六月二日衆議院が解散された。

私はこの総選挙で衆議院新潟県第六区から立候補した。当選した民主党の候補者が一一万九七三四票、私は一一万四四〇四票であった。その差五三三〇票。惜敗率九五・五％。もちろん北陸信越ブロックで小選挙区から立候補し、落選した候補者の中では断然の第一位であった。選挙区調整で比例区だけに立候補していた候補者は三人であった。もし〝理由の分からない〟重複立候補者がいなければ、私が議席を失うことはなかった。なぜか私の順位は〝理由の分からない〟重複立候補者の後位となっていた。その選挙実務を党本部で仕切っていたのは、野中広務自民党幹事長だった。私の外にも同じように不当な扱いを受けた自民党候補者がいた。すべて公明党がらみの選挙区であった。自民党と公明党・創価学会が一体となって戦った初めての選挙であった。

　自民党は公明党・創価学会と一体となって選挙を戦ったにもかかわらず、この選挙で二七一議席→二三三議席と大幅に議席を減らした。公明党は四二議席→三一議席であった。世間が思っているほど、自民党と公明党・創価学会の選挙連合は決して選挙に強くはないのだ。そのことは二〇〇七年（平成一九年）の参議院選挙でも明らかになった。勝てるところにしか候補者を立てない公明党候補者が、埼玉県選挙区・神奈川県選挙区・愛知県選挙区（いずれも三人区）で落選した。当選したのは東京都選挙区（五人区）と大阪府選挙区（三人区）だけだった。二勝三敗、惨敗である。神奈川県選挙区では当選した自民党候補者の選挙違反事件が発覚し、連座制で議席を失った。それにより公明党候補者が繰り上げ当選となった。

昨年の参議院選挙で自公連立政権は歴史的な大敗を喫した。自公連立政権は完全に進退が窮まっている。そんな中で、福田首相が唐突に不可解な辞任をした。その原因のひとつに公明党との軋轢があったと取り沙汰されている。多くの国民の間に〝自公問題〟への関心や疑念が改めて高まってきた。華々しい（というか、馬鹿馬鹿しい！）総裁選を行って麻生太郎氏が首相となった。解散・総選挙が早晩行われようとしている。その中で公明党・創価学会はどのように動くのか。民主党を中心とする野党と公明党の連立があり得るのか。こうした関心や疑念はもっともなことである。そうした疑念や疑問に応えるために、この本は緊急に出版されることになった。

なぜ公明党の政権参加が問題なのか

この本の大半は、私がこれまでにいろいろなところで書いたり、述べたりしたものである。また公明党・創価学会の政治行動の胡散臭さは、なにもいま急にはじまったことではない。公明党・創価学会の選挙の強さは、彼らがいうほど鉄板なものでもない。一九九六年（平成八年）一〇月の公明党・創価学会がど真ん中に陣取っていた新進党との天下分け目の戦いを、自民党総務局長（選挙の実務責任者）として戦ってきた私には、そんなものは所詮コケ脅しに過ぎなかった。

公明党や創価学会の代表者の名前が替わっても、政治状況が変わっても、公明党・創価学会の本質と行動は変わらない。あたかも池田大作氏の肩書が変わっても、厳然と創価学会に君臨しているように……。だから、少し前に書いたものだからといって筆を加える必要はまったくなかった。むしろ、筆を加えない方が好いとさえ感じた。

日本人は、圧倒的に強い敵との戦いを控える。日本人の処世術なのであろう。しかし、政治の世界では風向きが変わるのを、じっと待っているだけでは敗北主義といわれる。たとえ難攻不落の城であっても、必ずどこかに弱点がある。そこを見付け出し、果敢に戦いを挑まない限り、展望など開けてこない。私はいわゆる創価学会マニアではない。一人の政治家として戦いを止めることはできなかったのだ。かつての多くの友が戦線から離脱していった。節を曲げた者も多数いる。私が旗を降ろせば、政治の世界で自公連立と戦う者がいなくなる。それをいちばん喜ぶのは、自公連立の上に立ち権力の甘い蜜を吸っている者である。それだけは私の正義感と自尊心が許さない。私の著述は戦いの証明であり、記念碑でもあるのだ。

私が公明党の政治参加、特に政権への参加に関心をもち、これとの戦いを始めたのは、一九九三(平成五年)～一九九四年(平成六年)ころからである。細川非自民連立政権の時代である。それからであるから、長いといえば長いのかもしれない。藤原弘達氏が名著『創価学会を斬る』を出版したのは、一九六九年(昭和四四年)である。それに比べれば雛っ子みたいなものである。

しかし、私が公明党の政権参加に異を唱えたのは、公明党がまさに政権に参画したその時からである。細川連立政権では公明党から四人の大臣が出た。公明党の政権参加の是非を現実的・具体的に論じなければならなくなった時代であった。私だけが問題意識をもったのではない。多くの人々が疑念をもたざるを得なかったのである。

この発言は誰のもの？

A「今日の政治、ご覧の通り権力の中枢に、宗教団体と極めて密接な関係をもつ政党がこの中枢に座り、政治上の権力の行使と言われかねないような状況、あるいは国から特権を受けているのではないかと言われかねないような状況が、我々の目の前にあるわけでございます」

B「いま、わが国の政治にとって最も憂うべきは、宗教団体・創価学会が新進党という政党の皮をかぶって国民を欺き、政治の権力を握ろうと画策していることである」

「これと戦うのが今度の総選挙である」

Aは、一九九四年（平成六年）六月二三日に開催された「信教と精神性の尊厳と自由を確立する各界懇話会」の結成大会に来賓として出席した河野洋平自民党総裁が述べた言葉である。この会は「四月会」と呼ばれて有名となった。政教分離と公明党・創価学会の政権参加に反対する宗教者・宗教団体・学者・文化人などが作った団体である。当時の自民党と四月会の目標は共通していたが、自民党は四月会のメンバーには入っていない。

Bは、一九九六年（平成八年）一月一八日の自民党の党大会で採択された平成八年度運動方針の一節である。この運動方針に基づいて、この年の一〇月二〇日、小選挙区制で初めて行われた総選挙において、「新進党は創価学会党である」というキャンペーンを自民党は大々的に展開した。自民党の候補者もそのような演説を行った。

当初は自民党が劣勢だった。しかし、このキャンペーンが浸透するにつれて自民党は徐々に勢いづいていった。自民党総務局長として三〇〇の小選挙区の動静を最も知る立場にいた私は、そのことを誰よりも確りと目撃した者である。国民の創価学会・公明党に対する違和感や疑念は大きかったのである。それはいつの時代でも同じなのである。権力を握った公明党・創価学会は恐ろしいので、処世の術として公然と口にしないだけのことなのである。

自民党の変節

前記の文章を初めてみた読者は、目を疑うであろう。私もその後の自民党の変節に目を疑った一人であった。最近の自民党をみていれば、どのような変節にも驚かないであろうが……。

物には限度というものがある。自民党と公明党の連立は、最初からその限度を超えるものなのであった。圧倒的に強い敵と事を構えないことは、庶民の処世の術と寛容に受け止めることができたとしても、政治家の処世の術としては許されない。卑しいことであるからだ。それは利口な生き方だったとしても、後世で評価されることはあるまい。政治家は名を惜しまなければならない人種なのである。政治家の職業上の倫理に反するからである。

このような心情論や意地だけから、私は公明党問題・自公連立問題に拘っている訳ではない。自公連立それ自体に、そもそも政治的に大きな問題があるからである。自公連立には、まず第一に憲法上大きな問題がある。憲法の問題は、国政上いつも重要な問題である筈だ。

私は弁護士だが、大学でも司法試験の勉強の際にも憲法二〇条など詳しく勉強しなかった。憲法二〇条第一項は、「信教の自由は、何人に対してもこれを保障する。いかなる宗教団体も、国から特権を受け、又は政治上の権力を行使してはならない」と定めている。「いかなる宗教団体も国から特権を受け」ということは詳しく論じられているが、「いかなる宗教団体も政治上の権力を行使してはならない」という点については、ほとんどの憲法の教科書が論じてさえいない。このこと自体が不可思議である。

次に論じなければならないことは、政党のあり方の問題である。政党のあり方は、本来ならば私事（プライベート）に属することである。普通の政党ならばそれで好いのだが、政権党の話となると私事では済まされなくなる。だから細川連立政権で公明党から四人もの大臣が輩出した時、公明党問題・創価学会問題・政教分離問題が一九七〇年（昭和四五年）の言論出版妨害事件以来改めて噴出してきた。それは理由のあることなのだ。

さらに自公連立は、自民党も公明党も大きく変質させた。明確な議論や論争を行うことなく自公連立がなされたために、自民党も公明党もおかしいことになってしまったのだ。公明党の事情について私は詳しく知らない。しかし、自民党という政党について、私は詳しく知っている。わが国に〝自由民主党〟という名に恥ずかしくない政党を作ろうと思って政界に入った私としては、自民党の変質を問題にせざるを得ない。長い間自民党は政権党として君臨してきた。その政党の変質や変節は、政治的に大きな問題と私は思わざるを得ない。

論理的必然性はないのだが、以上の三つのことは相互に影響しながら同時に進行していった。公明党・創価学会問題に直接関係する条文は、「（いかなる宗教団体も）政治上の権力を行使してはならない」（憲法二〇条一項後段）という短いものに過ぎない。しかし、この条文を無視した自公連立政権は、憲法改正のための国民投票法を成立させた。安倍首相は憲法改正を内閣の使命とすると宣言した。私は二〇〇七年（平成一九年七月）の参議院選挙の直前に出版した著書『いまリベラルが問う』（イプシロン出版企画刊）の帯に「やれるものならやってごらん。君には憲法を語る資格などない。君は敗れる」という挑戦状を叩き付けた。安倍首相は国民の総反撃を食らい、敢えなく潰えた。

自民党政権などとうの昔に無くなっている

本書も解散・総選挙の直前か真っ最中に書店に並ぶ予定である。福田内閣の誕生は、そもそも安倍前首相の政権投げ出しにあった。福田首相は政権運営に行き詰まり、これまた政権を無責任に投げ出した。自公連立政権は、二つの政権がなぜ行き詰まったのかを総括することなく、時代錯誤の馬鹿馬鹿しい総裁選を演出して麻生太郎首相を選出した。その麻生首相の手で解散・総選挙が行われる。

自民党政権が終焉するか否かとマスコミや御用評論家は騒いでいる。私にいわせれば「自民党政権などとうの昔に終焉している」のだ。このことを論じているのが序章の「自民党政治は終焉するのか」である。これは二〇〇七年一二月に発売された『日本はどうなる2008』(株式会社金曜日刊)に収録されている私の小論である。序章としてあるが、「まえがき的な序章」である。ここで私は現在の政権の実態をハッキリと指摘したつもりである。敵を明確にせずに戦いに勝利することはできない。

自民党政権などとうの昔に無くなっているのだ。いま私たちの眼前にある政権は、〝自公連立政権〟なのである。政権交代を望む者は、この自公連立政権を倒さなければならないのである。政権交代を望む者は、公明党・創価学会との戦いを避けることなどできないのである。

ところが多くの人々がこの〝単純な事実〟からことさらに目を逸らそうとしている。それは単なる偶然ではなく、公明党・創価学会が執拗に仕掛けた結果なのである。このことに触れているのが1章の「公明党、創価学会との一〇年戦争」である。これは二〇〇八年(平成二〇年)八月二八日に発売された月刊誌『WiLL』に掲載されたものである。

2章の「諸悪の根源としての公明党」は、隔週誌(二〇〇八年四月からは月刊誌)『FOR

UM21』の求めに応じてその時どきの自公連立政権の悪政を具体的に取り上げ、これに論評を加えたものである。同誌でいうと四ページものだが、まとめるとかなりの分量となる。その一つひとつが自公連立政権に対する私の挑戦状であった。『FORUM21』は、自公連立政権ととりわけ〝公〟すなわち公明党・創価学会と正面から戦っている数少ない雑誌である。

同誌の編集人乙骨正生氏が『FORUM21』を発行していることを私が知ったのは、二〇〇六年(平成一八年)の暮れも迫ったころであった。私が投稿した『FORUM21』誌の二〇〇七年(平成一九年)一月一日号の巻頭言「閻魔帳」の見出しが原因となり、書く羽目になったのが3章の「創価学会党化した自民党」である。乙骨氏の〝謀略〟と揶揄しているが、これは〝押しかけ〟投稿のようなものである。

私は二〇〇一年(平成一三年)の参議院選挙で、一億人の有権者に対して政教分離問題を問うべく比例区から立候補した。残念ながら敗れてしまった。それ以来、私は自公連立政権との戦いの前線から暫く離れていた。いや前線からの離脱を余儀なくされていたのだ。戦いに破れることは、辛いものである。昔ならば首を刎ねられているのだから……。

私が反対し、身を挺して戦った自公連立政権が誕生して一〇年。私は自民党がどのように変化したのか、改めて検証してみたかったのだ。検証の結果は、自民党が創価学会党化したことであった。論文を書き始める段階では、タイトルは必ずしも「創価学会党化した自民党」などではなかった。検証した結果、タイトルは「創価学会党化した自民党」とせざるを得なかったのである。

私は自公連立政権を倒すことを誰よりも強く望んでいる者である。その第一線で戦っている者である。しかし、自公連立政権を確実に倒せるという自信はまだない。自公連立政権がいつまで続くのか、それは国民が決することである。自公連立政権が倒れたとき、自民党と公明党の現在のような〝連合〟は、確実になくなるであろう。公明党という政党がどうなるのか、私には確としたことを予測する力はない。

しかし、自民党が政権を失うことになる原因を考えると自民党が再び政権を担当できる政党になるとは思えない。そのことはかなりの確信をもって予測できる。それは、自民党が創価学会党化したからである。自民党が長年にわたり政権党であったのは、良くても悪くても〝自民党〟であったからだ。創価学会党化した自民党は、もうかつての自民党ではないのだ。そのことを知るためにも、3章の「創価学会党化した自民党」は必ず参考になる筈である。

自公〝合体〟政権と命名

名は体を表す、という。人の名前など、単なる呼称にすぎないという人もいる。そうかもしれない。私は勝彦という名前を付けてもらったが、選挙にはよく落ちた。特に創価学会・公明党と戦うようになってから、四回も連続して選挙に落ちている。私は一九四五年（昭和二〇年）六月二二日生まれである。沖縄戦で日本が敗れたのが、その翌六月二三日であった。日本が戦争に負けそうだというので、勝彦と名付けられたのだろう。一九四三年（昭和一八年）から一九四五年（昭和二〇年）八月一五日までに生まれた男子には、勝彦・勝・勝紀・勝利など〝勝〟を入れた名前が多い。高校生のとき、同じクラスに三人もの〝勝彦さん〟がいた。

政治の世界では、ネーミングは非常に重要である。政党の名前やスローガンなどで使うネーミングの良し悪しで、歴史が変わることさえある。私のＷｅｂサイトで毎日書いている「永田町徒然草」で、自公連立政権を自公〝合体〟政権と命名すると書いたのは二〇〇七年（平成一九年）三月二日であった。丁度そのころ『月刊日本』誌に掲載すべく書いていた原稿が４章の「自公〝合体〟政権批判」であった。私はこの連載のタイトルを「命名――自公〝合体〟政権」とするつもりであった。同誌の編集長が分かり難いので「自公〝合体〟政権批判」としたのである。当日の永田町徒然草に、私は次のように書いている。

「衆議院総選挙の結果、どの党も過半数をとることができず、単独では政権を組織できない場合、連立政権を組織するか、少数与党政権を組織するかという選択が現実的に必要となる。連立政権を組織する場合には、連立協議が行われ政策協定が結ばれる。特に連立政権に参加する少数党の大義名分は、政策協定に謳われた政策を実現するため政権に参加するということになる。少数党は、その政策が実現されなければ連立から離脱するということを切り札に、政権を構成する多数党に政策の実現を迫る。多数党がその政策の実現を容れなければ連立から離脱されることになり、少数与党政権になってしまう。少数与党政権では、不信任案を出されてしまえば可決するので、総辞職か解散のどちらかを選択しなければならなくなる。

外国の連立の実情を私は詳しくは知らない。わが国における連立政権とは、単純にいえば以上のようなものである。そして細川非自民連立政権も自社さ連立政権もこのような原則のもとに組織され、かつ運営された。私は当時衆議院議員であったので、その組織のされ方と運営の実態を身近でみた。それは非常に緊張感のある政党の存立を懸けた壮絶なドラマであった。しかし、自民党と公明党との連立政権にはこのような緊張感もなければドラマ性もないのである。連立政権・連立内閣と呼ぶことは実態に反していると私は思っている。だから私は自民党と公明党が組織している現在の政権・内閣を「自公〝合体〟政権」「自公〝合体〟内閣」と命名することにした。

細川非自民連立政権と自社さ連立政権の実態を検証しながら、自公連立政権の特殊性と異常性を明らかにする論文を書き始めた。いずれ世に問うつもりである。それまでの間も私は自公連立政権に触れたり、論評をしなければならないことが多くあろう。その場合に、自公連立政権とはいわずに原則として自公〝合体〟政権と呼ぶことにする。そうしないと日々の私の政治活動の中で、事実と違ったことを書くことになるからである。事実は事実として常に告発しなければならない。昨日書いたように、戦いはすでに始まっているからである」

マスコミと一体となっている自公〝合体〟政権——悪貨は良貨を駆逐する!?

この中で、「自公連立政権の特殊性と異常性を明らかにする論文を書き始めた。いずれ世に問うつもりである」と書いた論文が「自公〝合体〟政権批判」である。最初は一回か二回のつもりだったが、結局三回の連載となった。自社さ政権を作るど真ん中にいた私ですら、一九九三年（平成五年）から一九九九年（平成一一年）頃の政党の目まぐるしい離合集散を正しく思い出せなかった。多くの読者にとって、「ああ、そういえばこんなことがあったなあ」と懐かしく思い出されることがあると思う。こうした歴史を振り返ったとき、自公〝合体〟政権の特殊性と異常性が浮かび上がってくる筈だ。

また、こうした離合集散の軌跡を振り返れば、〝民公連立〟など簡単にあり得ないことが容易に理解される筈である。共産党を除き民主党をはじめとするすべての野党は、自公〝合体〟政権に煮え湯を呑まされているのだ。自民党や公明党の信義に悖る背信を忘れるようでは、大人の政党とはいえない。悪い奴は性根が悪いのである。平気で人を騙すのだ。騙す奴は確かに悪者だが、二度も三度も騙されては騙された方も悪いといわれる。

この本に収録されているそれぞれの著作は、すべて戦いのためのものである。二〇〇七年（平成一九年）一月前後からの私の著作は、自公連立政権を「自公〝合体〟政権」と記述している。そう書くこと自体が、戦いのひとつの意思表明なのである。従って、本書では、そのままにしている。そして自公〝合体〟政権と命名したことを説明したので、以後本書においてもこれから先は自公〝合体〟政権という。自公〝合体〟体制という場合もある。こちらの方は、自公〝合体〟政権より少し外延の広い概念として使っている。自公〝合体〟政権と一体となってこの国を支配し、利益を貪っている経済界・マスコミ・官僚マフィア・言論人・宗教界など自公〝合体〟政権に群がっている輩全体を表すときに使っている。

自公〝合体〟政権の特質は、これまでのどの政権よりもマスコミを強く掌握していることである。現代政治は、マスコミを抜きに語ることはできない。マスコミが「第四の権力」といわれるようになってからすでに久しい。その考察も多くの人々によって行われている。それらの人々を含めて「だから、自公〝合体〟政権とどう戦ったらよいのか」という言及に接することは少ない。

いつの時代でも、政権党はマスコミにそれなりの影響力をもっている。自公〝合体〟政権が特に強い影響力をもっているのは、自公〝合体〟体制のど真ん中に創価学会が鎮座しているからである。創価学会の世論操作は、マスコミを取り込むために莫大な資金を使い、創価学会会員というマス（大衆）を動員することにより今日のような姿となった。自公〝合体〟政権を誕生させ権力を手に入れたことにより、創価学会のマスコミ操作はさらに完璧となった。自公〝合体〟政権を倒そうと思うなら、第四の権力たるマスコミが自公〝合体〟体制にほぼ完全に掌握されていることに思いを致さなければならない。

マスコミはその名のごとく、大量（マス）である。しかし、いくら大量であっても粗悪品が社会全体を支配することはできない。賢明な消費者を味方に付けることができなければ、巨像も必ず倒れる。「悪貨は良貨を駆逐する」はグレシャムの法則だが、発達した資本主義経済では「良貨が悪貨を駆逐しなければならない」。逆にいえば、良貨が悪貨を駆逐するような社会は、健全かつ発展した社会なのである。

政教分離は宗教の健全な発展のためにも必要

昭和四〇年代、『創価学会を斬る』という一冊の本が創価学会を震撼させた。大衆は『創価学会を斬る』という本をベストセラーにしたのである。私のこの本がベストセラーになることは多分ないであろう（笑）。出版界はいまや構造不況業種といわれている。インターネットの普及がその原因として挙げられる。だが、私はそう思っていない。WWW（俗にインターネットといわれているもの）で長年政治的論説を発信しているが、結局は文化・思想の分野における国民の力がなかなか発展・発達していないところに根本的な原因があると私は考えている。

私は文筆を業とする者ではないので、出版業界が不況であっても一向に困らないが、政治という分野からみてこうした傾向を残念に思っている。しかし、自公〝合体〟体制の下で、マスコミが大量の悪貨を垂れ流していることに大衆は反乱を起こし始めている。マスコミの広告収入の減収である。大衆は一時的に騙されるが、それほど馬鹿ではない。健全なジャーナリズムを巡ってマスコミと国民の鬩《せめ》ぎ合いが起こっている。悲観せずにジッと待つしかないであろう。

私たちはこれまでの政治の中で「良貨が悪貨を駆逐する社会」をそれなりに作ってきたつもりである。〝私たち〟とは、良識をもった政治家・言論人・国民である。私はその一員であることに誇りをもっている。

この本の出版にあたり、どうしても一言触れておかなければならないことがある。創価学会問題は、本来からいえば宗教界の問題である。創価学会の出現は、宗教界にその原因があるのである。一部の宗教界の堕落といってもよいと思う。自民党が創価学会問題・政権参加問題を取り上げた時、宗教界の人々も一緒になって戦った。しかし、自公〝合体〟政権が誕生すると、庶民の〝処世の術〟よろしく宗教界の人々も声を発しなくなった。本当にそれでよいのだろうか。「政教分離は宗教の健全な発展のためにも必要なのだ」とアメリカの判例法は教えている。

私の著述のどこにも創価学会の教理・教学を批判したり非難するものはない。私は政治家としてまた法律家として、創価学会の政治参加を問題にしているだけなのである。創価学会が今日のように跋扈している理由・原因を論じる力がないと同時に、それは宗教人の問題だと考えているからである。俗な言葉でいえば、創価学会に関わって得なことなどひとつもない。下手をすれば、致命的打撃を受ける。私はそういう人々を数多く見てきた。

残念ながら、それが世俗の実態である。政治も宗教も世俗と完全に離れて存在し得ないが、世俗に完全に埋没したのでは政治が政治でなくなる。宗教が宗教でなくなってしまう。私は政治を真剣に考えるが故に、創価学会問題を無視することはできなかった。政治家などというも

のは俗人である。私とて例外ではない。その私でも最低限の〝節〟は守っているのだ。まして
や宗教人は……。

私の政教分離問題原論

本書で私に与えられた紙数をすでにオーバーしている。最後の5章は、私の政教分離問題の基本的な考えである。私の政教分離原論といっても好い。この論文は、自民党と新進党が真っ向から打《ぶ》つかって戦っていた時、パンフレットにされ数百万の人々に読まれた憲法論からみた私の政教分離論に、少し筆を加えたものである。自民党と公明党の連立が行われる直前の一九九九年（平成一一年）九月に発表された関係で、タイトルは「自自公連立内閣は、憲法二〇条に違反する」となっているが、内容は全く同じである。俵孝太郎氏の「新進党は創価学会党である」という論文と並んで、創価学会の政権参加に反対した人々にとってある種の〝バイブル的な文書〟であった。自公〝合体〟政権が誕生して約一〇年、公明党・創価学会は政権に現に参加しているのである。この論文で指摘した危惧が現実となっているのだ。そのことが、自公〝合体〟政権（体制）の進退を窮めさせているのだ。創価学会の政治参加を初めて断罪した藤原弘達氏（一九二一年〜一九九九年）は、いまや創価学会問題の古典になっている『創価学会を斬る』の中で、次のように述べている。

「（公明党が）自民党と連立政権を組んだ時、ちょうどナチス・ヒットラーが出た時の形態と非常によく似て、自民党という政党の中にある右翼ファシズム的要素、公明党の中における狂信的要素、この両者の間に奇妙な癒着関係ができ、保守独裁を安定化する機能を果たしながら、同時にこれをファッショ的傾向にもっていく起爆剤的役割として働く可能性を非常に多く持っている。そうなった時には日本の議会政治、民主政治もまさにアウトになる。そうなってからでは遅い、ということを私は現在の段階において敢えていう」

藤原弘達氏は生前に自公〝合体〟政権をみた。その胸中は察するに余りある。藤原弘達氏が指摘したように〝議会政治、民主政治もアウトになる〟という状況が生まれかけた時もあった。現在もそうなのかもしれない。しかし、自公〝合体〟体制という悪貨は良貨を完全には駆逐し得なかった。それが戦後民主主義の残されたわずかな遺産であると私は思っている。

そしていま、自公〝合体〟体制を放擲する秋《とき》が近づいている。再度いう。自民党政権などいまどこにも存在していないのである。私たちの眼前にあり、国民を塗炭の苦しみに追い込んでいる政権は、自公〝合体〟政権なのである。この単純な事実から目を逸らそうとする者は、まやかしの政権交代論者であるか、自公〝合体〟体制の回し者である。調略であり、謀略の一種でさえある。敢えて最後にこのことを指摘しておく。

序章　自民党政治は終焉するのか

『日本はどうなる２００８』（二〇〇七年一二月、金曜日刊）に収録

私がこれから論じようとしているテーマは、「自民党政治は終焉するのか」であるが、自民党政治なるものを、まず明確にしておこう。

自民党政治とは、かつてはわが国の現実の政治とほとんど同義であった。麻雀などで危険な牌をきって無事通った場合、よく「セーフ・ジミントウ」と言う。自民党単独政権が長く続いたため、自民党=政府という認識が定着していたのである。

自民党政治とは「自公〝合体〟政権」

しかし、一九九三年(平成五年)の総選挙で自民党が野党に転落して以来、自民党単独政権はほんの一時期を除いては存在していないのである。その意味で、自民党政治はもうかなり前に終焉しているのである。

この原稿を依頼してきた編集者がいうところの自民党政治とは、「自民党が中心になっている政権は終わるのか」という意味であろう。自民党は政権から転落するのか、ということであろう。

現在の政権は、自民党と公明党の連立政権である。公明党との連立は一九九九年(平成一一年)一〇月に成立した。自民党は衆議院では多数を確保していたが、参議院では過半数に達していなかった。そのために安定した政権運営ができないということで、自由党や公明党と自民党は連立した。自自公→自公保と連立の相手は変わったが、公明党との連立だけは一貫している。

二〇〇七年（平成一九年）夏の参議院選挙で自民党は大敗したが、公明党も敗北した。自民党と公明党が連立していても、参議院の過半数に遠くおよばない。公明党との連立の大義名分であり、目的でもあった、参議院の過半数確保ということはなくなった。

それなのに、自民党からも公明党からも連立の見直しという議論さえまったく出ていない。いったいなんのための連立なのであろうか。ようするに、政権党でいたいというだけの浅ましい強欲な連立なのである。公明党の政権参加は憲法二〇条の政教分離の観点からも問題がある。私はこの浅ましい強欲な連立を「自公〝合体〟政権」と呼んでいる。私たちが問題にしなければならぬ自民党政治とは、「自公〝合体〟政権」「自公〝合体〟体制」なのである。

悪政の実態を具体的に提示すること

先の参議院選挙の選挙結果をそのまま衆議院選挙に投影してみると、自民党と公明党の過半数割れを引き起こすのは簡単なようにみえる。そのような議論もかなり多いような気がする。しかし、私はどうしてもそのように楽観的にはなれないのである。「自公〝合体〟政権」の与党を過半数割れに追い込むということは、ストレートに政権交代につながる。

長い間政権交代がなかったわが国においては、政権交代は一つの〝革命〟である。総選挙はたぶん二〇〇八年（平成二〇年）中には行われるであろう。私は現在の政治的・社会的状況をつぶさに観察しているが、そこに〝革命的雰囲気〟や〝革命的状況〟を感ずることができないのである。無内容な政権交代という掛け声が聞こえてくるだけなのである。

革命とは、ある政権の悪政や暴政に対して国民の怒りが爆発して起こるものである。単なる政権交代を目的とした革命など、私は聞いたことがない。また、そのような政権交代を史家は〝革命〟などと呼ばないであろう。私たちが直面している「自公〝合体〟政権」は浅ましい強欲な政権である。「自公〝合体〟政権」は、権力を手放さないためになんでもやるであろう。一筋縄ではいかない相手なのである。

このような体制を倒す場合、いちばん大切なことは、敵の本質・実態を正しく認識することである。もう一つは、味方になるべき陣営をできるだけ広く結集することである。「自公〝合体〟政権」を倒すことができるかどうかは、いうまでもなく自然現象ではない。敵と味方の力関係によって決まる。いずれも政党＝人間が行う戦略や戦術のなせる業である。

革命とは、理想的な国を作るなどといったものではないと、私は思っている。理想などというものは人によってさまざまである。いろいろなものがある理想を統一することなど無理である。

私たちが当面している「自公〝合体〟政権」の悪政や暴政はきわめて具体的である。革命はその暴政を行う政権を打倒しようというものでなければならない。「自公〝合体〟政権」の悪政の実態を具体的に国民に対して提示することが大切である。そうすれば、国民のエネルギーは一点に集中する。野党が参議院で過半数を持っていることは、大きな武器になる。

野党はどこを突くべきか

敵は自民党だけではない。自民党だけが敵ならば話はそれほど難しくない。自民党と公明党・創価学会が〝合体〟しているために、一筋縄ではいかないのである。創価学会が宗教団体であることは否定しないが、並みの政党を凌ぐ力を持った政治的存在であることを認める人は多いのではないだろうか。ひとたび号令がかかれば、八〇〇万前後の票を集めることができるのである。

選挙戦・政治戦にとって不可欠な動員数も、並みの政党のおよぶところではない。もう自民党は、創価学会抜きの総選挙で過半数を維持できないのではないだろうか。前述したようにすでに大義名分を失った連立であるにもかかわらず、自民党がこれを解消しようとしないのはそのためである。

一般的に連立は、選挙の結果を受けて行うものである。選挙に勝つための連立ということ自体が異常である。もう自民党と創価学会・公明党は一体なのである。繰り返すが、だから私は「自公〝合体〟政権」と呼ぶのである。

創価学会は大きな資金力も持っている。それを背景に、マスコミに強い影響力を持っている。自公〝合体〟政権が暴政と呼んでもよい政治を行っているのに、マスコミがこれを批判しないのはこのためであろう。創価学会・公明党に対する批判はいうにおよばず、自公連立についての批判さえ、マスコミではタブーとなっている。マスコミに対する世論操作を放置しておいて、時の政権を倒すことなど児戯にすぎない。

創価学会の政治参加や自公連立の問題点を突いていかなければ、「自公〝合体〟政権」を倒すことなど、そう簡単にはできない。この点を追及していくと、激しい攻撃を受けることは避けられない。しかし、自公〝合体〟政権の強みであると同時に弱点・矛盾がここにある限り、避けて通ることはできないのである。

私は野党の政権打倒に対する〝本気度〟を、こうした観点から見ている。

小沢辞任〝騒動〟の本質

二〇〇七年（平成一九年）一〇月三〇日と一一月二日に行われた福田康夫首相と小沢一郎民主党代表の党首会談における〝大連立〟構想をきっかけに、小沢氏の代表辞任〝騒動〟が起こった。この騒動を観察していて、つくづくこの〝革命〟の難しさを感じた。もっとも、簡単な革命などという話は聞いたことがないが……。

今回の党首会談にはフィクサーがいた。その仕掛人が渡邉恒雄『読売新聞』会長・主筆であったことはいまや周知の事実である。自民党の念願の憲法改正の提灯を勇ましく掲げ、また、〝大連立〟などといった時代がかった構想を持ちかけ、この〝革命〟に水をさそうとした。わが国で最大の発行部数を誇る新聞社のトップとして、許されることではない。その構想が頓挫しても、それをネタにして小沢代表や民主党へのバッシングをど派手に行う。まさにジャーナリストとして許すことができない所業である。

『読売新聞』と創価学会が特別に親密な関係にあることも周知のことである。どちらのトップも、「自公〝合体〟政権」の最高指導者気どりなのであろう。今回の工作にこの二人が通じていたと私は推察している。批判精神を失った「自公〝合体〟政権」の議員は、この二人の老人たちのいいなりなのである。

剛腕といわれる小沢代表も、未熟さを露呈した。しかし、二〇〇七年（平成一九年）の参議院選挙を勝利に導いた国民の良識が小沢代表の未熟さをたしなめ、「自公〝合体〟政権」の卑劣な策略を粉砕した。小沢代表は生き恥をさらしながら、引き続きこの〝革命〟の先頭に立って戦うことになった。

一度骨折したところは、もう骨折しないという。追い詰められた政権が、敵対勢力を懐柔しようとすることは歴史の教えるところである。今回の姑息な工作の失敗のために、「自公〝合体〟政権」は、これからは懐柔という手段を使うことができなくなった。民主党や小沢代表が負ったダメージはそれほど大きくないと私はみている。小沢代表が心がけることは次項で述べることである。

民主党に必要な謙虚さと包容力

「自公〝合体〟政権」を倒すためには、民主党を中心とした野党戦線の統一と深化が必要である。選挙になると、衆議院選挙でも参議院選挙でも、民主党が圧倒的な野党第一党になる。これはいわゆる小選挙区効果である。政権側は自民党に得票を集中するように、野党側は民主党に得票が集中するようになった。政党としての組織力や行動力において、民主党が他の野党を圧倒しているわけではない。現在の政権に批判的な票が民主党に集中するようになっているためである。

しかし、〝革命〟としての政権交代を真に実現するためには、選挙における力だけでは足りない。時の政権を倒す言論戦や政治戦を展開するためには、足腰の強い組織が必要である。民主党は「自公〝合体〟政権」に批判的な組織や人士を統合していない。こうした組織や人士の批判的言動が結果として選挙になると民主党に集中することになるのであるが、民主党にそうした謙虚な認識や包容的行動が欠けている雰囲気がある。

共産党が、衆議院の三〇〇選挙区から立候補させる方針を変更した。社民党は選挙では弱いが、旧社会党の熱心な活動家をいまだ擁している。両党とも護憲を標榜している。民主党には、頑固に護憲というと、かつて社会党がたどった運命になるのではないかというトラウマがあるようである。

しかし、共産党と社民党は前回の参議院選挙では比例区で七〇〇万票を獲得している。ほとんど当選の見込みのない選挙区でも、六五〇万票を集めている。たいしたものではないか。

国民新党や新党日本の比例区での得票は、合計すると三〇〇万票余である。この両党の政治的スタンスは、共産党や社民党ほど明確ではない。伝統的な〝革新勢力〟でないことは確かである。しかし、伝統的な革新勢力ではないが、「反自民党」「反自公〝合体〟」という人は非常に多いのである。

民主党が野党第一党の地位に甘んじることなく、政権交代という〝革命〟に責任を持つ政党としての自覚を持ち、「自公〝合体〟政権」に反対する国民統一戦線を組織できたとき、「自公〝合体〟政権」を倒すことはできる。小沢代表は党内でも、この〝謙虚さと包容力〟を欠いていた。そのことが小沢劇場の原因である。生き恥をさらしながら生まれ変わった気持ちで戦う小沢代表に必要なことは、この〝謙虚さと包容力〟を「自公〝合体〟政権」と戦っている陣営全体に対して心がけることである。そのことに徹したとき、自公〝合体〟政治は終焉する。

それが決せられる選挙戦は、二〇〇八年（平成二〇年）中にはほぼ確実に行われる。まさに正念場である。

1章　公明党、創価学会との一〇年戦争——何を戦ってきたのか

月刊『Ｗｉｌｌ』二〇〇八年一〇月号（ワック・マガジンズ刊）の特集記事を収録

内閣改造により、公明党は斉藤鉄夫氏を環境大臣に送り込みました。太田昭宏氏や浜四津敏子氏などのエース級が閣僚ポストに入らなかったことを受けて、「公明党の自民党離れ」が取り沙汰されたりしています。しかし私のように、長く公明党を見てきた者は、そうは見ていません。

現在、公明党の自民党に対する思いは複雑でしょう。昨今問題になっている「偽装」とまでは言いませんが、それに近い関係もそろそろ厳しくなっている。

公明党はまだ、「平和と福祉の党」という看板は下げていません。その「平和と福祉の党」が自民党と組んで、テロ特措法を強硬に通しました。また、公明党は庶民の生活を守るとしながら、原油の高騰の中で、道路特定財源の暫定税率を三分の二条項を使ってまで復活させたのです。さらに、後期高齢者医療の問題も出てきた。

これらについて、さすがに公明党の支持母体である創価学会の会員であっても知っています。どう考えても、「平和と福祉の党」である公明党がやるべき政策ではありません。公明党は自民党と組んで与党となり、自らの意思でこれらの法案を通してきたわけです。

すでにいい加減な言葉ではごまかせないような無理が出てきており、公明党の政治スタンスは創価学会員に説明しきれないというのが実情です。

小泉政権時代の郵政民営化や構造改革の時は、公明党も先頭に立って改革をするというスタンスでした。しかし、創価学会と齟齬が生じるようなことはなかった。

公明党は当時、自民党よりも「我こそは正しい」という姿勢で構造改革を推進していました。郵政民営化や構造改革の中身は訳の分からないものだったので、創価学会も何も言わなかったのでしょう。

自公のカモフラージュ

よく「ねじれ国会」の問題が取り上げられます。衆議院と参議院の多数が与野党逆転しているので、法案が通らないことが問題だという。

しかし私は、別にねじれているとは思いません。これからも衆議院と参議院で選挙結果が異なることは大いにあり得ることです。

国民が「ねじれ」ていると感じているのは、衆議院と参議院がねじれていることなどではなく、民意が法案の可否に反映されないからだと私は思っています。新テロ特措法の成立も道路特定財源の暫定税率復活も、後期高齢者医療問題にも、国民の意思は反映されなかったと私は見ている。

結局、衆議院の三分の二で強行採決されて法案が押し通されたのです。つまり、国民の意思と法案の可否が「ねじれ」ているのです。

では、三分の二で押し通せなくなると、与野党が衆参で逆転している場合、何も決まらないという話になる。しかし、何も決まらなくていいと私は思います。悪い法案であれば、決まらないほうがいい。

元の宰相である耶律楚材《やりつそざい》の言葉に、「一利を興すは、一害を除くに如かず」があります。今の自公〝合体〟政権が天下国家のためだと言って決めることなど、国民のためになりません。むしろ決めないほうがいいのです。

つまり、衆参がねじれているのではなく、衆議院の三分の二を持っていて法案を押し通す自公〝合体〟政権と国民の意思とがねじれていることが問題なのです。

この衆議院の三分の二は、自民党だけでは確保できません。法案を押し通すためには、自民党プラス公明党の力が必要なのです。

これは、単に数の問題だけではありません。三分の二条項を使って衆院で法案を強行採決する場合、もし仮に自民党単独でそれを行ったとしたら、自民は次の選挙で壊滅的な打撃を受けることになります。

自民単独ではなく、公明党も一緒に強行採決をしているということで、今までかなりの無理をやってくることができたのです。

自公〝合体〟政権は、数の問題だけでなく、自公が組むことによって政治的に有利であり、ゆえに郵政民営化などを行うことができました。

公明党は自公〝合体〟政権で、衆議院で三分の二をとるため、そして自民党単独政権ではないという装いをするための役割を果たしてきたわけです。しかしさすがに国民も、自民党も公明党も、今や同じではないかと気づいています。

もはやカモフラージュ作戦は通用しなくなった。創価学会もこれではマズイと思い始めていることは確かでしょう。公明党も自分たちも無傷ではいられないと思っていると思います。

以上のような状況を見て、今にも自民党と公明党の関係が終わり、公明党は次を見越して民主党と組むというようなことが巷間、囁かれています。しかし、それはない、ということを以下に説明しておきます。

公明党の奇行、驚愕の理由

公明党に限らず、政党というものは、権力の中にあり、政権党の味をしめたのであれば、駄目になるその日まで、権力から離れることはありません。私は自民党の中にいて、選挙を仕切り、政権党のあり様を見てきたのでよくわかります。

もし、現在の権力が勢いを失いそうだからといってそこから離れるとしても、新たな権力につけるかどうかはわかりません。ハムレットの有名な言葉で、「死んだ後のことはわからない、だから怖いのだ」というのがあります。それと同じで、今、生きていることのほうが、権力の中で生きているのであればなおさらのこと、重要であり、権力から離れられないのです。

一般論として、権力の中にあるものは、駄目になるその日まで絶対に離れません。

自民党と公明党が連立を組んでいるのは、自民党にとっては「とにかく政権党でいたい」からです。それが唯一のレゾンデートルです。公明党も平和だ、福祉だと言っても、自民党と連立を組んでいるのは、政権に与りたいからです。

公明党はなぜ政権与党に入っていたいかといろいろ勘ぐる向きもあります。しかし事は簡単で、およそ世俗の人間は権力を得たいと思うからです。公明党の支持母体である創価学会も、宗教団体とはいえ、世俗的な宗教団体です。世俗的であるからこそ、最も世俗的である自民党と組んで、とにかく政権党でいたいと思うのは自然の摂理でしょう。筋も道理も恥も外聞もない。

ですから、城が焼け落ちるその日まで、政権から離れることはありません。

それでも民主党に擦り寄りつつあるのではないか、と思っている人は、小沢一郎という人を知らなさすぎると思います。

小沢氏は公明党には煮え湯を飲まされています。先頃、創価学会を訴えた矢野絢也氏が『文藝春秋』(二〇〇八年八月号)に公開した情報で驚くべきことがわかりました。

かつて自民党と新進党が戦った時、私は自民党の総務局長として最前線で指揮していました。新進党はもとより、敵である我々自民党も当然ながら、公明党は全員が新進党に合流するものと思っていた。

しかし、蓋を開けてみると、公明党の非改選の参議院議員と地方議員は政党「公明」を作って分裂し、彼らは新進党に合流しなかったのです。我々はこの行動が理解できなかった。

この理由が、今回、矢野氏の公開した情報でわかりました。つまり、「公明」があれば信濃町の創価学会本部は静穏地帯に入ります。静穏地帯とは、街宣活動が規制される地域のことで、大使館や国会、党本部の周辺が当てはまる。矢野氏は創価学会本部が公明党本部から半径五〇〇メートルの距離に入ることを確認し、信濃町のその場所を静穏地帯としたのです。

「公明」がなくなり、静穏地帯でなくなれば、場合によっては右翼の街宣車が学会本部のある信濃町に入ってくることもあり得る。それを避けるために、「公明」を残したのです。

公明党にとって、地方議員の力というのはものすごく重要です。新進党から立候補する議員は、地方で公明党が事務局となって動いてくれればものすごく助かる。にもかかわらず、公明党の全員が合流しないというのが、我々自民党にも不可解でした。

小沢と学会の決定的亀裂

しかし、この行動は、日本の政治をどうこうするとか、そういうことが目的ではなく、単に創価学会、池田大作名誉会長を守るための行動だったのですから、我々に理解できるはずがありません。

これは政治史の謎が解明されたと言ってもいいような情報です。このことを小沢氏は身をもって知っているということを忘れてはなりません。新進党は公明党・創価学会を当てにしていたにもかかわらず、のるかそるかの一九九六年（平成八年）の衆議院選挙の戦いをわかりにくいものにしました。そして新進党は勝つことができませんでした。

この問題は当時の小沢氏と創価学会との間に決定的な亀裂を生みました。このことを、そんなに簡単に小沢氏が忘れるわけがありません。

政権を取るということは、そんなに簡単ではない。小沢氏は政権を作った人ですから、そのことを一番よく知っているはずです。政権を取る厳しさを知らない人たちが、公明党が中立になってくれればいいとか、民主党と組むなどということを言っているだけなのです。

自公政権が負ける前に公明党が政権を出て小沢氏に頭を下げるなら別ですが、先ほども言ったようにそんなことは起こり得ない。であれば、負けたら今度はよろしく、というような虫の良い話に乗るほど、小沢氏は甘くないということです。

政権を作るというのは、のるかそるかです。将来のことなど語っていたら首を取られます。闘いは、今、味方なのか、敵なのか、が大事なのです。民主党の一部の幹部が言っているような甘い認識で政権など作れません。

矢野氏も認めた政教一致

公明党が小沢氏を裏切る理由にもなったように、彼らが大事なのは支持母体の創価学会なのです。この公明党と創価学会の関係について、私は政教一致であると一貫して指摘しています。

創価学会が地方議員を含めて政界に進出したことについては、当初から多くの国民が違和感や胡散臭さを感じていたと思います。宗教団体が挙げて政党を支持し、政治の先頭に立つということが、日本ではなかったからです。

日本は織田信長の比叡山焼き討ちに見られるように、宗教と政治は切り離してきました。明治に国家神道がありましたが、これは宗教団体ではありません。宗教団体が深く政治に関与したのは、日本では創価学会が初めてだと言えます。

ですから、公明党が衆議院に進出した時、日本人はさすがにそろそろ真面目に考えなければならないと思ったのでしょう。藤原弘達氏の『創価学会を斬る』が大ベストセラーになったのは、そういう問題意識が大きかったのだと思います。

私が公明党と創価学会の関係について真剣に考え始めたのは、細川連立政権発足当時に亀井静香氏の呼びかけで「憲法二〇条を考える会」に参加してからです。

憲法二〇条一項の後半には、「いかなる宗教団体も、国から特権を受け、又は政治上の権力を行使してはならない」と書いてあります。ここには、「いかなる宗教」ではなく、「いかなる宗教団体」と書いてある。仏教という宗教がどうこうしてはならないのではなく、特定の宗教団体が政治上の権力を行使してはならないと定めているのです。

宗教団体とは、教えではなく、教えを広げるための人的な魂です。宗教は世俗ではありませんが、宗教団体は世俗の実在なのです。憲法二〇条は、その世俗の実在である宗教団体が政治上の権力を行使してはならないと言っているのだと、素直に読めばいいと私は思います。

しかし、公明党や創価学会は、この憲法二〇条は「宗教団体が国や地方公共団体から委託を受け、裁判権や徴税権や警察権を公使すること」を禁じているのだと詭弁を弄します。右のような彼らが言う状況はクーデターでも起こって日本国憲法がなくならない限り、あり得ないことです。憲法がなくなった時にしか起こりえないことを、日本国憲法がわざわざ規定しているわけはありません。

憲法二〇条が政教分離を唱えているのは、それが侵されれば様々な弊害が起こるからです。すでに起こっているように都議会で公明党が強ければ、都営住宅に当たるのは圧倒的に創価学会員が多いというような世俗の細々としたことまで、学会員が有利になるという現象が生まれます。

他にも、NHKは国家権力の影響下にある公共放送ですから、そこには創価学会員であるタレントが多数出演しています。

また、矢野氏も会見で、「公明党書記長の時には、学会を守ろうと大きな声では言えないようなこともした。やりすぎじゃなかったかなと思う」（産経新聞二〇〇八年六月一四日）と述べているのです。推して知るべしでしょう。

「暗殺リスト」に入った私

一方、政治権力を行使して宗教団体が現世利益を唱え、布教活動をすると、その宗教を堕落させるという側面もありますから、憲法二〇条には深い意味があるのです。決して公明党や創価学会が主張するような荒唐無稽の条文ではありません。

そして大事なことは、公明党は創価学会なくして存在し得ない政党だということです。依存なのか支配なのか、「公明党＝創価学会」なのか「公明党・創価学会」なのか知りませんが、創価学会がなければ公明党は成立しないという状況がそもそも認められないということです。

村山政権発足時に亀井静香氏が運輸大臣になったことで、大臣が「憲法二〇条を考える会」の会長をしているのはどうか、ということから私が会長代理を引き受けることになりました。その後、会長代理である私が、新進党との選挙戦で、「新進党は創価学会党だ」とか、公明党と創価学会の政教一致などを指摘し続けたことで、私は公明党と創価学会から攻撃を受けることになります。

しかし、私は法律家でもありますから日本国憲法に沿って物事を解釈しており、一連の攻撃はそれに対する彼らとの戦争だと思っています。攻撃されて当たり前なのです。ですから、泣き言ではないという文脈で、私の体験を知って頂ければと思います。

矢野氏が公開した前出『文藝春秋』の中に、次のようなものがありました。〈私が党役員のとき、学会首脳が第三者を使い、藤原（注／行正）氏の暗殺を計画しているとして、藤井富雄都議会幹事長が私の自宅に来て、「そういうことは学会の自殺行為になるので、矢野さんから止めてもらいたい」との真剣な要請があった〉。これはありそうな話です。

というのは、当時、ある関係者がある暴力団に、私と亀井静香氏と山崎正友元弁護士を殺してくれと頼んだビデオがある、という情報が我々には入ってきていました。それが出てきたら「新進党は創価学会党」という決定的な証拠になるため入手したかったのですが、結局、入手できませんでした。しかし、暗殺リストに入っているということは多方面から言われました。

さらに、あちらこちらの公明党の集会では、私と亀井静香氏の顔写真が会場に上る階段に敷き詰められていて、それを踏まなければ会場にあがれないようにしてあったらしい。

私もプロの政治家ですから、写真を踏みつけられるくらい屁でもありませんが、さすがに無意味に殺されるのは避けたい（笑）。総務局長にはSPはつかないので、自分で民間の警備を雇いました。

創価学会と戦ってきた人は皆、みすみす殺されないために、自分で自分を守っています。地下鉄に乗る時は、電車が止まってドアが開くまで壁か、柱を背にして立ちます。それくらいのことをするのはプロの政治家として当然です。

投票四日前での謀略ビラ

私は自民党の議員でしたが、自民党は長く権力の座に君臨している政党で、選挙になると地方では圧倒的な強さがありました。中でも私の後援会は熱血漢が多く、「白川馬鹿」と呼ばれたくらいのものでした。

そんな私の後援会でも、対抗馬に対して謀略ビラなど配ったことはありません。倫理的にもやらないのは当然ですが、それをおいても、大勢に配布することは実際にもできないのです。かつては共産党に、党のためなら警察につかまることも辞さないという人がいたものですが、今は共産党もそんなことをする人は少なくなっているのではないでしょうか。

しかし、公明党・創価学会にはそういう組織があるといわれている。私のまさに目の前で起こったことを述べていきます。

私が最後に落選した二〇〇〇年（平成一二年）の選挙戦で、投票日の四日前、選挙区一〇万世帯に謀略ビラがまかれました。そのビラは、私の事務所にもないような資料をうまく構成し、「〇〇の会」という真面目な市民が私を攻撃するという褒めたくなるような出来です。つまり、謀略だとはわからない謀略ビラでした。

しかも、それらは白地の封筒に入れられ、手書きで宛名が書かれており、切手が貼ってある。裏は差出人不明です。そして、差し出し局は全国に散らばっていました。

どこかから一括で出したりすれば、誰が謀略行為をしたかバレてしまいます。ですから、それぞれが宛名を書き、切手を貼って、全国から郵便で送付する。これは普通の集団ではできません。

投票日の四日前ですから、こちらはもう反論したくても反論できません。しかも公職選挙法の規定があるので、手段もない。時間的にも手法でもお手上げ状態です。白川だけは落とさなければならないということだと思います。

私はこの封書を見た時、こんなことは自民党でもどこの党でもできないと思いました。その時の対立候補は民主党でした。公明党と創価学会は、その民主党候補を公認していました。他に共産党の候補もいましたが、彼らにこれだけ手の込んだことができるはずはありません。

絶妙な全紙トップ記事

その二〇〇〇年（平成一二年）の選挙前に、秘書の交通事故もみ消しがある日突然、明らかになり、秘書が逮捕されました。あってはならないことなのは確かですが、私の秘書はお礼として三万円の商品券をもらっただけです。しかし、全国紙が全紙トップで報じました。

この件で、私の支持は一五％落ち、対立候補は一五％伸びたので、実質、三〇％の差が生まれました。これが私には致命的でした。

この秘書の交通事故もみ消しの件を仕掛けたのが、公明党・創価学会陣営なのかどうかはわかりません。

この件については私なりに、秘書には秘書の事情があったことなどを有権者に説明し、だいぶ理解が得られたと思っていた頃、また別の件が持ち上がりました。

ある日突然、確か読売新聞の記者だと記憶しております。これも私の別の秘書の件を尋ねてきたのです。私も新聞記者の取材はよく受けましたが、この記者は明らかに私が知っている通常の取材ではなかった。

すでに書くことも決まっているけれども、一応のアリバイづくりのために来たという感じです。ほんの一〇分くらい通り一遍の質問をして帰っていった。

そうしたら翌日、読売新聞の一面トップ記事になっているわけです。その後は各紙が後追いをしました。秘書が歯科大学の裏口入学を斡旋したという話でしたが、これは事実無根のことでした。

どちらの秘書の件もあまりにタイミングよく出てきて一面トップです。これが公明党・創価学会の仕業かどうかはわかりませんし、何の証拠もありません。

学会を批判できない大新聞

私は割合とテレビから声がかかる政治家だったので、落選した後はテレビ出演を求められたりしました。しかし、一度出演すると二度と声はかからなくなりました。テレビ局に〝視聴者〟という人たちからクレームの電話がかかってくるのだと思います。

私は自民党で選挙を仕切っていたので、自民党のマスコミ対策はよく知っていますが、それは公明党・創価学会のマスコミ対策に比べれば素人のようなものです。ですから、自公〝合体〟政権は、創価学会の智恵も経験も、カネも出すマスコミ対策を得ているのが強みだとも言えます。

公明党の批判記事を書けば、しつこく電話がかかってきたり、クレームが来たりするので、マスコミはそれが嫌で書かなくなる。こんな電話ごときはかわいいものですが、そのかわいい程度のものに日本のジャーナリズムは弱いということです。

また朝日新聞以外の新聞社は聖教新聞や公明新聞の印刷を請け負っているため、創価学会や公明党の批判は書けないのです。さらには、巨額の広告収入を創価学会系出版社の広告出稿で得ているので、書けるわけがないのです。

公明党は諸悪の根源

公明党と創価学会の政教一致を批判してきたことは私の信念ですし、それは全く後悔していません。また、私が議員を辞めたのも秘書の件があったからで、外から発言するのも政治活動だと思っています。

私の立場から言いたいのは、公明党と創価学会の政教一致を共に批判してきた自民党のかつての仲間たちが、自公〝合体〟政権に甘んじている状況は極めて残念なことだということです。憲法違反だと厳しく批判し、公明党と戦ってきたのに、その憲法違反の党と連立を組んでいる。これは我々の公約を破ったことになります。

小渕政権で自公が連立を組むことになる前、私を含めた何人かの「政教分離を貫く会」は「公明党との連立内閣に関する意見書」を発表し、強く連立に反対しました。しかし、亀井静香氏を初め、ほとんどの「憲法二〇条を考える会」のメンバーは、もう我々と行動を共にしてくれませんでした。

最後まで私と行動を共にしたのは、石原伸晃、江口一雄、江渡聡徳、奥谷通、小津潔、小此木八郎、尾辻秀久、小林興起、小林多門、佐藤剛男、自見庄三郎、鈴木俊一、原田義昭、平沢勝栄、穂積良行、武藤嘉文、森田健作、渡辺具能の諸氏です（五十音順、敬称略）。

しかしすでに、自公〝合体〟政権となって久しく、自民党の政教分離の公約は公然と破られています。

これから政局を迎えますが、政権交代するのかどうかというのは、投票日の一週間前までわからないものです。選挙というものは、それほど先が読めないし、何が起こるのかわかりません。

ただ、確実に言えることは、自民党と公明党をあわせても三分の二を取ることは不可能だということです。その自民党と連立を組んで三分の二条項で悪法を成立させている公明党こそが諸悪の根元だと私は思っています。

カモフラージュである自公〝合体〟政権に正当性がないことは自明なのですから、国民から大きなしっぺ返しを食らう日はそう遠くはない。まずは自民党が憲法と公約を思い出して欲しいものです。（談）

2章　諸悪の根源としての公明党

『ＦＯＲＵＭ21』（フォーラム刊）の特集記事に寄稿したものを収録

はじめに

『FORUM21』二〇〇八年四月一日　巻頭言「閻魔帳」

最近よく経済界の人々から「これからの日本はどうなるのでしょうか」という質問を受ける。もっとも得意としてきた経済や産業の分野で、わが国の落込みを感じさせられる出来事が相次いでいるからであろう。多くの国民がわが国の落込みを肌で感じている。景気の低迷・非正規労働者とワーキングプアの増加（年収二〇〇万円以下の労働者が一〇〇〇万人を突破）・景気低迷の中での物価の上昇などが進行している。凶悪な犯罪や破滅型の事件が毎日のようにニュースで流されている。わが国は、希望と夢を持てない先行きの見えない国になってきた。戦後の日本に問題がなかった訳ではないが、国民に希望と夢を与えてきたことだけは確かであった。国民は国に対してある程度の信頼を持っていた。

時代背景が違ってもこういう時に昔の人は〝末世〟という言葉を使ったのだろう。現代のわが国は末世である。末世では諸悪が〝複合的〟に重なり合っている。だから諸悪の根源を突きとめることはなかなか困難である。それがまた悪の横行を招来する。悪の連鎖といってもよい。しかし、歴史的・経験的に諸悪の根源はやはり政治に求められる。また政治理論からいっても、現実論としてもそれは正しい。政治の根本的な役割は、社会の〝在り様（ありよう）〟を決めることだからだ。末世的政治状況の中では政治もズブズブになり、悪政の根源を突きとめることは難しい。政治の世界では責任者がハッキリしていなければならないのだが、責任を負わなければならない者が多過ぎて、結果として無責任が横行する。それが末世的政治状況をさらに加速させる。

現在の末世的な政治状況の形式的責任者は、総理大臣である福田康夫氏である。何が起きても部外者のような口ぶりで無内容なことしか言わない。福田首相を国民はとうに見放している。福田首相という存在そのものが、末世の象徴なのである。そうすると福田首相を生み出した存在に着目しなければならない。福田首相を生み出したのは、自公〝合体〟体制である。従って、諸悪の根源は、自公〝合体〟体制ということなる。もちろんそれでよいのだが、自公〝合体〟体制は、責任の所在がハッキリしていない存在である。このことは連立政権のマイナス面として学者が指摘していることである。自公〝合体〟政権となるとマイナス面は倍加する。「一つであって二つ、二つであって一つ」だからだ。自公〝合体〟体制こそ、現代の末世における奇《きっ》怪《かい》な政治的存在である。仏教の世界では、これを何と呼ぶのであろうか。天魔、餓鬼、畜生ｅｔｃ。

末世の汚辱した政治では、無責任と出鱈目が日常的となる。そんな中でも〝天人ともに許し難い〟というものもある。ひとつは今年三月末の東京都議会における「新銀行東京への四〇〇億円の追加出資」であった。もうひとつはこの四月末に行われようとしている「ガソリン税の暫定税率の一〇年間延長」などを衆議院において三分の二の多数で再可決することである。いずれも自民党と公明党の賛成で行われた。頭数は自民党の方がはるかに多い。しかし、実際に自民党だけでこれを強行することは、論理的にも政治的にも決してできなかった。公明党の賛成があったから強行できるのである。従って〝天人ともに許し難い〟所業の本当の責任者は公明党である。公明党の本当の責任者は誰なのか。その者が諸悪の根源・張本人である。

1　自公〝合体〟政権に痛撃を

『ＦＯＲＵＭ21』二〇〇七年七月一五日

政権に関係ない選挙

一億人の有権者が参加する参議院選挙は、まさに国政選挙である。この選挙で示される国民の意思は、安倍首相が何と言おうが重い。アメリカの中間選挙は、下院の全議席と上院の三分の一が改選される。しかし、大統領選挙は行われないので、政権交代は起きない。わが国の政権は、基本的には衆議院の議決が優先する。参議院で野党が過半数を制し、野党の推す者が参議院で首相に指名されても、衆議院で別の人物が首相に指名されれば、衆議院で指名された者が最終的には首相になる。従って、政権交代には至らない。

ご案内のとおり、衆議院では自民党と公明党は三分の二をはるかに超える化け物のような議席をもっている。だから今回の参議院選挙で、国民は自公〝合体〟政権を倒すことはできない。しかし、国政選挙である参議院選挙で過半数をとれなければ、その政権は国民から不信任を受けたことになり、退陣を余儀なくされることになる。

非改選議席と合わせて過半数を維持できなければ、衆議院でいかに議席をもっていてもその政権は機能不全に陥る。与党の非改選の議席は、五八しかない。だから与党としては六四議席以上とらなければ、過半数を確保することができないのである。改選議席は一二一であり、その半数は六一である。もともと今回の選挙における与党のハードルは高いのである。

政府に対して是々非々の自民党支持者

新聞や週刊誌などで選挙予測がなされている。いずれも自民党が何議席とれるかというところに重点がおかれている。自民党が四五議席を割れば安倍首相は退陣を余儀なくされるだろうといった類のものである。しかし、ほとんどの選挙予測は公明党が獲得する議席を所与のものとしている。果たしてそうだろうか。投票率が一〇%も上がれば、公明党の議席は比例区でも選挙区でも確実に減少する。今回の選挙のひとつの注目点は、公明党が何議席とれるかだと私は思っている。自民党が苦戦を伝えられているのは、政府の失政が原因である。自民党の支持者というのは、与党志向はあるものの是々非々なのである。自民党が長期に政権を担ってきても独裁的にならなかったひとつの原因はここにある。

公明党の支持者というのは、ちょっと違うようである。公明党はいま与党である。政府の失政があっても自民党支持者のように是々非々の態度をとらないようである。公明党の政治的パフォーマンスは確か是々非々が売りだったように思うが、公明党の支持者には是々非々という考えがないようである。

政府の失政といっても、その大半は官僚の失政なのである。官僚を指揮監督する責任を負っている与党がその責任をとることになるのである。これが与党のつらいところなのである。公明党の支持者のように政府の失政について、非を非としないと結果として官僚天国を許すことになるのである。これが公明党の支持者のためにもならないことは明らかであろう。

このように政府の失政について無批判な公明党支持者の協力を得て、自民党は苦しいながらも辛うじて四五議席前後の攻防を展開しているのである。もしこれがなければ、一九八九年（平成元年）の消費税選挙の三六議席前後の攻防となっていることは明らかなのである。

水攻めに弱い公明党城

公明党という城は、難攻不落なのだろうか。私はそうと考えていない。昔の戦に例えるならば、公明党という城は水攻めに弱い。水位を上げるのだ。すなわち、投票率を上げればいいのである。安倍首相が国会の会期を延長して投票日を一週間延ばした。ひょっとすると、これには公明党の入知恵があったのかもしれない。確かに夏休みに入って最初の日曜日となると、投票率は数％くらい下がるかもしれない。しかし、それは国民の考え方ひとつである。

ちなみにこの五月に行われたフランス大統領選の投票率は、投票が二回行われたにもかかわらず、いずれも八〇数％だった。日本人にとってフランスという国はセレブな国である。セレブな国というのは、投票率が高いものであるということを誰かうまく仕掛けられないものか。そういう攻め方よりも、〝何とか一揆〟という方がわが国の場合は現実的なのかもしれない。

私などは、要するに自公〝合体〟政権を倒そうという運動が起こりさえすればよいのだと考えている。幕末、誰が組織したのか分からないところがあるが、〝ええじゃないか〟という騒動が全国的に起こったという。そのようなものでよいと思う。わが国の国民は、現権力を倒せると思ったとき爆発的なエネルギーを発揮するとある人がいっていた。自公〝合体〟政権には、腐臭が満ち満ちている。その政権を倒せる絶好の機会がいまだということを野党が示せば、爆発的なエネルギーが出てくるのである。

自公〝合体〟政権に痛撃を！

公明党の獲得議席を三くらい減らして一〇議席前後、自民党の獲得議席を四〇議席前後にしてしまえば、与党は参議院の過半数に一〇数議席及ばなくなる。このくらいにしておかないと、与党は現在野党としてカウントされている議員を引き抜いて帳尻を合わせてしまう危険性がある。そういうことを狙ってウズウズしている輩が実際に現れはじめている。

しかし、自民党と公明党を合わせても五〇議席前後しか獲得できないとなると、もう変な動きはできなくなる。それに衆議院の選挙の動きまで変化が出てくる。参議院選挙が終れば、衆議院の任期も残り二年となる。参議院が過半数割れをしていたのでは、与党はもう国民の信任を受けていないのだという雰囲気が出てきて、この二年間のようなやりたい放題はできなくなる。

衆議院を解散して、国民の意思を反映した衆議院にせよという声が澎湃として起こってくるだろう。自公〝合体〟政権は、完全に行き詰まってくるのである。その衆議院総選挙で、自公〝合体〟政権を完全に葬らなければならない。自公〝合体〟政権に代わる政権を作っても、その政権が参議院に過半数をもっていないようでは、政権運営がうまくいかない。今度の参議院選挙は、近いうちに必ず誕生する自公〝合体〟政権に代わる新しい政権のための選挙なのだというくらいに考えなければならない。

立ち上がらない国民は〝アウト〟な有権者

こう考えれば、今度の参議院選挙は楽しい選挙ではないだろうか。自民党や公明党は偉そうなことをいっているが、そもそも化け物のような衆議院の与党の議席は、郵政解散選挙という詐術を使って騙し取ったものに過ぎないのである。「カエサルのものは、カエサルに返せ」ということなのだ。

「(公明党が) 自民党と連立政権を組んだ時、ちょうどナチス・ヒットラーが出た時の形態と非常によく似て、自民党という政党の中にある右翼ファシズム的要素、公明党の中における狂信的要素、この両者の間に奇妙な癒着関係ができ、保守独裁を安定化する機能を果たしながら、同時にこれをファッショ的傾向にもっていく起爆剤的役割として働く可能性を非常に多く持っている。そうなった時には日本の議会政治、民主政治もまさにアウトになる。そうなってからでは遅い、ということを私は現在の段階において敢えていう」

いつも引用して恐縮だが、『創価学会を斬る』の中で藤原弘達氏が指摘していることである。藤原氏の言を借りれば、現状はすでにもう〝アウト〟なのである。このような秋《とき》に立ち上がらない国民は、〝アウト〟な有権者と呼ばれても仕方がない。

2　歴史的大敗が歴史を動かす

『FORUM21』二〇〇七年八月一五日

私の予測と目標値

前項で述べた私の予測や目標はある部分ではそのとおりになったが、予測とは違うものになったところもある。この原稿を書いている時点（八月六日）では安倍首相が続投することになっている。自民党の獲得議席が四〇を割ったのに安倍首相が続投するとは思わなかったし、自民党がこれを許すとも思わなかった。予測が外れたというより、自民党がこれほど馬鹿な政党に成り下がったとは不明にも思わなかった。「創価学会党化した自民党」と規定した私にはまだ幾ばくかの幻想があったのであろう。自らの言動に忠実でなければならないと反省しているところである。

呪縛から解放される創価学会会員

各種の選挙予測が所与のものとしている公明党の予想獲得議席はそれほど確定的なものではない、と私が指摘したことは間違ってはいなかった。結果はご案内のとおり選挙区二、比例区七の合計九議席であった。七月六日時点で、今回の参議院選挙の目標を自民党四〇議席前後・

公明党一〇議席前後とすることはかなり勇気のいることであった。

しかし、この目標を達成しないと国民と野党が期待しているような政局は生まれないと私は思っていた。この目標値をクリアしなければならないことには確信があった。私は公明党の議席を一三とすることに疑義を呈しはしたものの、その戦略・戦術は投票率を上げることだといった。本当は自民党が新進党との戦いでやったように、政教分離問題を徹底的に訴える手法があるのだが、民主党をはじめ野党がそれをすることは残念ながら期待できなかったからである。

今回の選挙に対する関心が高いとの世論調査の結果が報道されたが、投票率は五八・六四％であった。投票率が下がるといわれている亥年選挙としては高いのかもしれないが、前回の参議院選挙に比べ二・〇七ポイント上がっただけだった。私が提唱した〝水攻め〟作戦は必ずしも行うことができなかったのである。それにもかかわらず公明党は東京都選挙区をはじめ候補者を擁立した五選挙区で二議席しか獲得できなかった。このことを七月六日時点で指摘する選挙予測はなかった。

この結果がもっている意味は計り知れないものがある。まず創価学会・公明党の不敗神話が崩れたことである。公明党は勝てるところでしか候補者を立てなかった。その代わり候補者を擁立したところでは、なんとしても勝たなければならなかった。創価学会の会員は、ヘトヘトになるほど動員された。今回の結果は、不敗神話という呪縛から創価学会会員を解放することになるであろう。この呪縛がなくなれば、もともと無理のある創価学会・公明党の選挙戦術を行うことに重大な障碍が出てくるのである。

自民党がもつカリスマ性

呪縛から解放されるのは創価学会会員だけではない。自民党の硬い支持母体とされてきた建設業界などの各種団体も同じである。自民党には何があっても自民党支持という団体がかなりあった。自民党を支持していても自民党は自分たちを平気で切り捨てている。そうである以上、もう自民党を支持する義理はないだろうという動きが今回の選挙で明らかにあった。

いかなることがあっても自民党を支持しなければならないという呪縛から解放されて、ギブ・アンド・テイクの関係に劇的に転換したのである。これが一人区における自民党六勝二三敗のいちばん大きな原因だと私は思っている。だからといって自民党や公明党がいままでのようにギブの政策を行うことは、財政状況その他の理由でもはや不可能になっている。

さらに重要なのは、多くの国民が政権を担当できるのは何も自民党だけではないと思い始めたということである。これも政権政党は自民党しかないという呪縛からの解放といってもよいと私は思う。なんといっても五〇年以上にわたって自民党だけが政権党であった事実は重い。細川・羽田非自民連立政権が一一ヶ月で崩壊した事実も重い。結果として政権担当能力があるのは自民党だけだという認識が国民の間にあった。自民党のカリスマ性といってもよいのかもしれない。有効な統治のためにカリスマ性は否定されるものではない。

自民党のそれなりの中枢にいた者からみれば、政権担当能力をもった唯一の政党は自民党しかないなどということは虚構以外の何ものでもない。しかし、世間が勝手にそう思ってくれることは有難いことであった。賢明な自民党の指導者は、少なくともこの虚構を崩すような愚かなことは慎んだ。カリスマ性がもつ政治的価値を知っているからである。

疑われ始めた自民党の政権担当能力

郵政造反議員の復党問題からはじまり、宙に浮いた五〇〇〇万件の年金記録・赤城農水大臣の問題発言と言動でとどめを刺された一連の安倍首相のパフォーマンスは、あまりにもお粗末なものだった。それは安倍首相の政権運営能力を疑わせるだけでなく、これを許容している自民党の政権担当能力にも疑いをもたせていった。

また自民党としては気を使ったつもりなのであろうが、公明党を必要以上に政権与党として露出させたことである。創価学会や公明党がどのように言おうが、創価学会と公明党は一体のものと国民は捉えている。創価学会や公明党に対する反感や拒否感は依然として強い。テレビなどの討論番組で自民党と一緒に与党席に座って政権党であることをしたり顔で自慢している公明党議員をみて、国民は政権党というカリスマ性に疑いをもち始めたのである。公明党に政権与党が務まるくらいなら民主党をはじめとする野党にも政権を担当することができるのではないかと感じたのである。

すべてのコインには、表もあれば裏もある。創価学会・公明党を味方につけた自民党は選挙において一時的には強くなった。しかし、多くの人たちの信用や好意がないばかりか、逆に強い拒否感や反感のある公明党と一体となった姿を露出することによりカリスマ性を失っていったのである。

力だけで統治を行っている典型が軍事政権である。力だけでも統治できないことはないが、それは大きなエネルギーを必要とする。賢明な統治者はこのような愚かなことをしないものである。自民党は公明党の腕力に過度な期待をもち過ぎたのだ。だが、創価学会・公明党の腕力でわが国の統治を行うことなど所詮無理なのである。自民党と公明党がもっている腕力と手練手管を駆使しても、自公〝合体〟政権は今回の危機を乗り越えることはできなかった。自公〝合体〟政権を弱いとみた国民は、嵩にかかって自公〝合体〟政権を政権の座から追放しようと迫るであろう。

歴史的大敗が歴史を動かすのである。

3　偉そうなことをいうな！

『ＦＯＲＵＭ21』二〇〇七年九月一五日　巻頭言「閻魔帳」

先の参議院選挙では、「支持政党なし層」が圧倒的に民主党を支持した。また自民党支持層からも四分の一程度が民主党に投票した。これが敗因だったとマスコミや自民党は分析しているが、私の考えはちょっと違う。これは長い間自民党に所属し、自分の選挙も含めて選挙にいろいろな立場から携わってきた者としての肌感覚である。自民党は一九五五年（昭和三〇年）以降、衆議院選挙で過半数を獲得してきた。それ故に政権党として君臨してきた。過半数を獲得できなかったのは、一九九三年（平成五年）七月の衆議院選だけである。そのときに自民党は野党に転落せざるを得なかった。情け容赦はなかった。それが政治というものである。

自民党にはいつ如何なるときも自民党を支持するなどといった固定的な支持層や団体などないのである。それが実は自民党の弱点であると同時に強さとなったのである。自民党は「わが国における唯一の国民政党」とよくいってきた。五五年体制のもとでは、皮肉にも金もあり組織力もある支持母体をもっていたのは野党であった社会党だったのである。自民党としては個々の候補者が国民の政治的利害や関心がどこにあるのか必死に模索せざるを得なかった。そのような努力の結果、自民党は衆議院で過半数の議席を獲得してきたのである。最初から自民党を支持してくれる人や集団が強固にあった訳ではない。五〇年以上政権党でありながら自民党の支持構造はこんなものなのである。これを情けないと見るか、それとも健全と見るかは人によって意見が分かれるであろう。しかし、このような現状が自民党の長期政権の下でも、独裁国家にならなかった大きな理由だったと私は考えている。

自民党惨敗の裏の原因

今回の参議院選挙における自民党の惨敗は、国民の多くが自民党を支持しなかったことに原因がある。公明党には何があっても公明党を支持するという創価学会という強い支持母体がそれでもある。しかし、自民党にはそんな〝殊勝で律儀〟(!?)な支持母体など最初からないのである。自民党の支持層から四分の一もの票が民主党に流れたという分析は最初から間違っているのだ。自民党にはいつ如何なることがあっても自民党を支持する団体などないと考えておくことが肝要なのである。これまで自民党政治の恩恵に浴していた業界や団体が、小泉改革により切り捨てられたという分析もあまり正しいとは思わない。ひとつの業界や団体を丸抱えで政治の恩恵に浴させることなど実際問題としてできる訳がない。

「支持政党なし層」の大半が反自民であったことは、「自民党支持層」も早晩反自民になることの予兆である。このことに思いを致さなかったら、自民党が盛り返すことなどできない。安倍首相は何をもって「私の基本的な主張は支持された」といっているのだろうか。政策実行内閣などと嘯いているが、いかなる政策を実行しようとしているのか。「戦後レジームからの脱却」を中心とする安倍首相の〝政策〟を国民は支持しなかったのである。馬鹿のひとつ覚えのように〝改革、改革〟といっているが、国民の支持を失った者がいくら〝改革〟を実行しようとしても本当の改革などできる筈がない。

八月二七日、安倍首相は党・内閣の改造をした。自民党的には党内の波乱要因を治めたつもりなのだろう。しかし、自民党にとっていちばん大切なのは、国民がこれをどう受け止めるという視点なのである。国民が支持しない改造をやってみたところで、自民党の支持が回復する筈がない。改造直後に『朝日新聞』が行った世論調査では、自民党の支持率二五％に対して民主党の支持率は三二％だった。自民党が再生する道は、安倍首相そのものを更迭し、新しい顔で新しい政策を実行していくしかなかったのである。自民党はこうしてこれまで危機を乗り越えてきた。それが自民党の経験則である。そのことを知らない自民党の国会議員はいない。しかし、自民党は安倍首相を〝更迭〟できなかった。

自らの危機を乗り越えることができない政党に、国家の危機を乗り越える力などない。あまり偉そうなことをいうなといいたい。このことは公明党にもいえることではないのか。

4　前代未聞の選挙のための連立

『FORUM21』二〇〇七年一〇月一五日

政治評論家森田実氏の指摘

「公明党には『公明』な政治姿勢を誠実に貫くことを要求したい。具体的に言えば二つある。

第一は、国民生活を破壊した小泉構造改革に積極的に協力し、推進してきたことを、はっきりと自己批判し、小泉構造改革との訣別を宣言することである。

第二は、大義名分がなくなった自民党との連立を解消することである。自民党と公明党の連立の唯一、最大の大義名分は、参議院の過半数確保にあった。参院の自民党の議席数が過半数に不足したため、数を補うために公明党と連立したのである。だが、去る七月二九日の参院選で自民・公明の合計が過半数以下になっただけでなく、民主党単独の議席数を下回った。自民党は衆院では過半数を上回る議席をもっている。これで政権は維持できる。公明党と連立してもしなくても状況は変わらない。

自民党と公明党が連立する意味も、大義名分もなくなったのである。それでも両党が離れられないほど一体化しているのであれば、合同すべきである。大義名分なき連立は、政治を堕落させる」

以上は、政治評論家森田実氏のＷｅｂサイトの『森田実の時代を斬る』というコーナーに掲載された「森田実の言わねばならぬ――［五七九］」（二〇〇七年九月二二日掲載）からの引用である。引用にあたり私の責任で読み易いように改行などを変更した。

ほとんどの政治評論家や政治コメンテーターが自民党と公明党の連立について口を噤んでいる中で、森田実氏は自公連立について批判をしている数少ない政治評論家である。私がハッとさせられたのは、〝第二〟の指摘である。私のように憲法論から批判してきた者にとっては、こんな単純なことを見逃していた。

選挙のための連立

そうだ。小渕首相や野中官房長官が公明党との連立に熱心だったのは、一九九八年（平成一〇年）夏の参議院選挙で自民党が大敗し、参議院で過半数を失った後であった。金融不安が懸念される中、わが国の政治に責任をもたなければならないというのが、自民党にとっても公明党にとっても国民から強い反発を受けていた自公連立を行うにあたっての最大の大義名分だった。

森田氏がいうように自民党と公明党の議席を合わせても参議院の過半数にはならない。また自民党内閣を存続させるためには、衆議院で自民党は三分の二を超える議席をもっているのだから、首班指名も憲法五九条二項による法律案の再議決も単独で行えるのであるから、公明党との連立は必ずしも必要ではない。

そもそも連立政権を組織するのは、原則として憲法等の規定によってひとつの政党では政権を組織できないか、政権の運営が円滑にできない場合に行うものなのである。連立政権は選挙の結果を受けたものであり、選挙を目的とするものではない。わが国に誕生した過去の連立はこのようなものであった。

権力迎合的な〝正論派言論人〟

自公連立が仮に選挙を目的とするものだったとしたならば、森田氏がいうとおり自民党と公明党は〝合同すべき〟なのである。それが正論である。私は自民党や公明党の卑しい根性を最初から知っているので、自公〝合体〟体制と呼んでいるのである。〝正論〟で思い出したが、『産経新聞』の「正論」などで気を吐いている〝正論派〟言論人がこういう正論をいわないことをハッキリと指摘しておきたい。わが国の右翼反動の特質のひとつは、権力迎合的であることである。創価学会・公明党は、自公〝合体〟体制下では権力の一部なのである。権力の一部を批判することなどわが国の右翼反動には最初からできないのである。いわゆる〝正論派言論人〟を私が信用できないのは、こういう点からである。

〝正論派言論人〟の中にはそれなりの知識・経験をもっている人もいるようだが、政治的にはこの一事をもってその本質が窺えるのである。権力の批判ができない言論人など言論人に値しない、と私は看做している。政治的評論は、その資質・見識が厳しく問われるものなのである。政治というものの厳しさである。

無思想・無内容なドタバタ政変劇

本稿は安倍首相の無責任極まる辞任から馬鹿馬鹿しい福田内閣の誕生について書くようにいわれたのであるが、いきなり創価学会・公明党問題、自公〝合体〟体制の問題となってしまった。この問題にかなり敏感な私にも気が付かなかったくらいであるから、自民党や公明党の国会議員が今回の一連のドタバタ劇の中で、森田氏が指摘するような自公連立の解消など思いつかなかったことは明らかであろう。ましてや福田赳夫元首相の息子・清和会（町村派のこと）のオーナーであることが〝唯一のレゾンデートル〟である福田首相にそのような問題意識がさらにさらになかったことは明らかである。

その証拠に公明党との政権協議は粛々と行われ、小泉改革の必然として実行された高齢者医療費の負担引き上げは据え置かれ、北側公明党幹事長は記者会見で「財政健全化は重要だが、それを錦の御旗（みはた）にすることはないのではないか」と語ったという。また公明党は九月二〇日の中央幹事会で、「改革は継続しつつ、負担増・格差の緩和など国民生活に重きを置いた方向に政策を修正することが必要」との路線変更を打ち出したという（いずれも『毎日新聞』九月二一日付朝刊）。こうなるとますます自公連立というのは、分からなくなる。やはり政権にあり付きたいという浅ましい野合ということなのである。だから、私は自公〝合体〟体制と呼ぶのである。福田首相は自公〝合体〟政権の新しいトップなのである。自公〝合体〟体制が卑しくさもしいように、福田首相という政治家も卑しく浅ましい人物だと私は思っている。

反民主的な政治家と自白した福田首相

私が福田首相について批判しなければならないことの第一は、福田康夫という政治家は〝反民主的な政治家〟だということである。今回の一連の政治劇は、参議院選挙という国政選挙で国民から決定的な不信任を突きつけられたにもかかわらず、これを公然と無視しようとした安倍首相の否定にあった筈である。今回の新しい首相がそのことを明確にしない限り、わが国の民主主義は正常に機能していないといわれても仕方がないことになる。参議院選挙は政権選択の選挙ではないなどという屁理屈を口にする政治家は、まやかしの政治的言辞を弄する者である。

参議院通常選挙は、六〇〇億円もの国費を使い、六〇〇〇万人もの有権者が投票所に足を運んで行う国民の審判である。そのテーマは、国政を信任するかどうかなのである。安倍内閣は、国民から不信任とされたのである。その安倍首相が国民の審判を無視して組閣した安倍改造内閣をそのまま〝居抜き〟で引き継ぐなどということは、多少まともな政治的感覚の持ち主ならば考えられないことである。

福田首相としては、意地でも全閣僚を取り替えなければならないのである。それが安倍内閣の否定である。しかし、福田首相はほとんどの閣僚を再任した。〝居抜き内閣〟といわれる所以である。この意味するところは、福田首相が〝反民主的な政治家〟と自白したことなのである。

〝天の声も変な声〟といったDNAを引く資質

かつて福田赳夫首相が大平正芳氏に自民党総裁選で敗れたとき、〝天の声にも、ときには変な声もある〟といったことを思い出してもらいたい。選挙の結果を嘲笑う思想である。父君を誰よりも尊敬している福田首相の政治家の本性が窺えるではないか。今後福田首相がどんなに野党との協調路線をとったとしても、福田首相の本性が〝反民主的な政治家〟だということは、片時も忘れてはならない。

また福田首相はもっとも悪しき意味における〝派閥政治家〟である。派閥政治とは、党よりも国家よりもましてや国民の利益よりも派閥の利益を上におく政治のことである。こんな派閥政治が否定されなければならないことはいうまでもない。福田首相とは、骨の髄までこの派閥政治が沁みこんでいるのである。

このこと以外にも、〝言わねばならぬ〟ことは沢山あるが、まともに論評すべき人物でも政変劇でもないからこのくらいにしておこう。

5　大連立構想の真の原因

『FORUM21』二〇〇七年一二月一日

一連の〝騒動〟で吹っ飛んだ議論

二〇〇七年（平成一九年）九月は安倍首相辞任騒動で、一〇月は福田首相誕生に伴う顔見世興行でわが国の政治は費やされた。そして一一月は大連立騒動でわが国の政治がふり回された。肝心の新テロ対策特別措置法案に関する迫真の論戦は行われなかった。インド洋における給油活動をどうするかという問題は、わが国の外交防衛政策を論じる上ではきわめて重要な問題なのである。

インド洋における給油活動を停止することは、わが国の外交防衛政策の基本を変更することになる。日米同盟とは何か。自衛隊の海外派遣は、どのような場合に許されるのかという憲法問題。国際的テロ集団に対する〝テロ戦争〟などということは、軍事的概念としてそもそも許容されるのか。こういうことを真正面から議論する必要のある重要な問題なのである。

アメリカの自衛戦争に加担する必要性!?

一一月一日で廃止されたテロ対策特別措置法は、9・11同時多発テロから日時があまり経っていなかったために、このような問題が十分に議論されることなく、アフガン戦争に対する支援・協力として小泉内閣時代に制定された。アメリカは、アフガン戦争を自衛戦争とハッキリと謳っていた。

テロの撲滅にわが国が協力することはあり得ても、アメリカの自衛戦争にわが国が加担することは、日米安保条約でわが国の義務と定められていない。アメリカが自衛戦争を行うことは仕方ないが、その自衛戦争に自衛隊を派遣することは慎重でなければならない。

国連憲章よりも日米安保条約よりも、憲法の規定は重いからである。そして、自公〝合体〟政権がいうほど軍事的貢献は国際的には高く評価されていない。それはアメリカの軍事行動に対する評価をみれば、わが国は軍事的貢献を憲法の制約でできないと主張しても、国際的に非難されることなどまったく懸念する必要はない。

〝分〟を弁える美学のない二人の老人

小沢民主党代表に大連立構想をもち掛けたのはいったい誰だったのだろうか。渡邉恒雄読売新聞社代表取締役会長・主筆であることは、いまや公知の事実である。報道機関の代表が、現実の政治に介入することを多くの国民が非難している。俗にいえば、〝行司が回しを締めて土俵にあがる〟というものである。それは、現実政治に介入している創価学会名誉会長に対する嫌悪感と同じようなものである。

わが国民は〝分（ぶ）〟を弁えることを非常に大切にする。この二人の老人には〝分を弁える〟という美学など昔からまったくない。この二人の老人は、いまや自公〝合体〟政権の最高顧問・オーナー気取りなのである。自公〝合体〟政権の与党議員は、この二人の老人に恐れおののいている。

責められるべきは、福田首相

しかし、渡邉氏はやはり行司でしかない。大連立構想を政治的に仕掛けたのは、やはり福田首相その人なのである。小沢民主党代表が大連立構想の具体的内容を語り始めたが、まだ全容が明らかになった訳ではない。福田首相は言を左右しているが、大連立構想を仕掛けた者としてその具体的内容を語る責任がある。

大連立騒動を論じる者は、こうした福田首相の姿勢を責めなければならない。また大連立構想の内容や福田首相と小沢民主党代表との間で具体的に合意された内容を踏まえずに小沢民主党代表を一方的に非難・批判することは、政治を専門とする者としてはおかしいと思う。もっとも最初から小沢民主党代表や民主党をこの件で攻撃しようという意図的な論評があることはいうまでもない。

国民はなぜ大連立に反対なのか

各報道機関定例の世論調査や大連立騒動による世論の変化をみるための世論調査の結果が発表されている。その調査結果は、各社によってバラバラのようである。質問の仕方や実施時間帯によって調査結果が異なることはやむを得ない。

報道各社の世論調査の結果に共通していることがひとつだけある。それは圧倒的多数の国民が大連立に反対と答えていることである。大連立に反対という意見は、賛成もしくは評価するという意見の倍以上あることである。このことは何を意味しているのだろうか。そのことを正しく捉えないと、大連立騒動や〝ねじれ〟国会に対する評価を誤ることになる。

多くの国民が大連立構想に反対していることは、現在の政治状況を自然に受けとめ、大連立してまでこれを解消する必要はないと考えていることを意味する。現在の状況とは、いわゆる〝ねじれ〟国会のことであり、当面の新テロ特措法案が膠着状態になっていることである。国民は、現在の政治状況を国益が損なわれているとは考えていないのである。

〝国益〟を口にする政治家にはご用心

そもそも〝国益が損なわれる〟とは、国民の六五～七五％がそのように考える問題が生じたときに使う言葉なのである。国益という言葉を安易にもち出す政治家はあまり信用しない方がいい。それは、公共の利益を理由として国民の基本的人権を制限しようとする政治家と相通じるものがある。

彼らが壮士ぶって国益などと叫ばなくても、そうしたときは大連立を求める声が国民の間から自然に出てくるものなのである。そういうときしか大連立など成立しないし、またそういうときでなければ大連立などやってはならないのである。

自公〝合体〟政権は、新テロ特措法案が成立しなければ〝国益が損なわれる〟と盛んに喧伝している。福田首相は、ブッシュ大統領の〝お言葉〟をわざわざアメリカまで貰いに行った始末である。ブッシュ大統領から望みどおりの〝お言葉〟を貰えたが、そのブッシュ大統領がアメリカ国民からも信用されていないのだからわが国の国民がこれを信用する筈がない。

卑しさの裏返しとしての傲慢

国民は、外交防衛は厳粛にして神聖な国政であると考えている。またそうでなければならない。まさに〝国益〟のかかった厳粛にして神聖な国政なのである。

守屋前防衛事務次官や歴代防衛大臣の納入業者とのドロドロとした爛れた関係が暴露されつつある。このような防衛利権疑惑を抱えている防衛当局者のいうことを誰が信用するというのか。いくら真剣にインド洋における給油の必要性を説いてみたところで、三分の二もしくは四分の三の国民が賛成する筈がない。こんなことが分からないようでは、政治音痴といわれても仕方ない。

自公〝合体〟体制は、国民など力で押さえ付けられると思っている。国民は力のある者（＝権力者）に弱いと思っている。自公〝合体〟体制は、権力を握るためならばどのような卑しいことでも許されると思っている。その裏返しがこのような傲慢となるのである。

政治音痴にこの国は任せられない

だが、国民を舐めてはならない。ほとんどの国民は利権などを求めず、自力で生きているのである。自由主義社会とは、そのような生き方をする国民に支えられ、政府の役割はそのような国民をエンカレッジすることなのである。

創価学会党化した自民党は、この単純なことが分からなくなったようである。自公〝合体〟政権に媚び諂う人たちを見ていて、国民すべてがそうだと勘違いしている。彼らには、参議院選挙の本当の敗因がまだ分かっていないのである。こんな自公〝合体〟体制に、わが国の政治を任せておく訳にはいかない。

大連立の件に関し、反自公〝合体〟派は、小沢民主党代表や民主党を非難するのはほどほどにしておいた方が良い。誰にも間違いはあるものである。政治は、未遂犯を罰してはならない。大切なことは戦列を乱さないことである。戦線を強化することである。

6　自公〝合体〟政権は、すでに裸の王様である

『FORUM21』二〇〇八年一月一日

二〇〇八年の政局は、単純明快

二〇〇八年（平成二〇年）の政局展望は、きわめて簡単である。自公〝合体〟政権は解散総選挙を先延ばしすることは考えている。しかし、おそらくこれを避けることはできないであろう。そしてその結果は、自公〝合体〟政権の敗北である。

私の政局展望は、いつもこのように単純である。私はいつ解散があるかとか、総選挙の予想がどうなるかということにあまり関心がない。そんなことは、それで飯を食っている評論家にまかせておけばよいと思っている。解散がいつあるかなどということは、国会に籍をおいたときもあまり関心がなかった。解散の時期を正確に予測したとしても、だからといって選挙の勝利に繋がる保障はなかった。だとしたら、あまり真剣に考える意味がないではないか。

総選挙の結果の予測は、もっと難しい。いくら真面目に考えても、選挙はやはり水モノである。何が起こってくるか予想すらできない。自分の選挙を含めて事前にその結果を予測できたとしても、打つ手がなければ意味がない。結果が出たときには、すべてが終っているのである。

そんな選挙にかかわる人生を私は三〇年近くも過ごしてきた。総選挙の結果は、そうした一

つひとつの選挙区のトータルである。従って総選挙の結果を予測することはきわめて困難である。

参議院を馬鹿にしていた自公〝合体〟政権

私はこのような諦観をもちながら解散総選挙というものを捉えていた。だからといって、選挙は博打ではない。政治の延長線にあることは事実である。選挙に勝とう思うならば、真面目に政治を行うしか道はない。どういう政治をやるかは、政権党ならある程度責任をもっていうことができるし、実行も可能である。それが政権党の強みである。野党は敵失を狙うしかない。

しかし、今回の総選挙についていえば、結果の予測はきわめて簡単である。自公〝合体〟政権は負けるのである。これはハッキリしている。現在の自公〝合体〟体制の政権運営をみていたら、これを覆す可能性などほとんどあり得ない。自公〝合体〟にとっては、過半数を確保しても総選挙で勝ったことにはならない。現在衆議院でもっている三分の二を超える議席を再び獲得しなければ、政治的には敗北なのである。

「参議院選挙は政権選択の選挙ではない」などといって、自公〝合体〟政権は参議院選挙を馬鹿にしてきた。参議院を舐めてきた。しかし、それは政権運営を知らない者がいう台詞である。少なくとも歴代の自民党内閣は、このことを知っていた。だから参議院選挙で大敗し、参議院の過半数割れを喫した総理大臣が責任を取らなかったことなどなかった。

公明党もこれを知らない筈はない。創価学会・公明党にとって政権参加は悲願だった。それが可能になったのは、一九九八年（平成一〇年）の参議院選挙で自民党が大敗を喫したため参議院での過半数がなくなったからであった。当時自民党と公明党の連立には、国民の中に強い抵抗があった。下手をすれば、自民党は総スカンを食らう虞《おそれ》すらあった。それでも公明党との連立に踏み切らざるを得なかったのは、公明党の議席を当てにしなければ参議院での過半数を確保できなかったからである。

従って、自民党も公明党も昨年の参議院選挙で過半数か過半数近くの議席を維持するのに必死だった筈である。過半数近くならば、与党に取り込める議員も読めていたので、何とかできる可能性も織り込み済みだった。ところが、あまりの大敗だったためにあらゆる可能性が吹っ飛んだ。

〝半身不随〟よりはるかに深刻な事態

そこで福田首相が考えた手が、大連立構想だった。しかし、戦略や十分な準備がなかったためにその奇策は吹っ飛んだ。今後この手を使うこともできなくなった。自公〝合体〟政権は「参議院選挙は政権選択の選挙ではない」などと強がりをいっているが、参議院で過半数をもっていないと政権の意思を貫くことができないのである。半身不随の状態よりもはるかに事態は深刻なのである。

国会の意思は、衆議院と参議院のそれぞれの意思によって決定される。国会の意思は、ふつう法律によって表わされる。法律案は、衆議院と参議院のそれぞれで可決されたときはじめて法律となる。衆議院でいくら圧倒的多数で可決したからといっても、糞の役にも立たないのである。

衆議院で可決され参議院で否決された法律案を法律にすることができるのは、憲法五九条二項の規定により衆議院で三分の二の多数で再可決した場合だけである。確かに自公〝合体〟政権は、現在その数をもっている。しかし、そのことがかえって仇となっている。

伝家の宝刀としての三分の二条項

法理論としては、三分の二条項で参議院で否決された法律案を再可決することにより法律とすることができる。だが、政治論としては、実際にそう度々使うことはできないのである。いうならば伝家の宝刀なのである。伝家の宝刀というのは、ここ一番のときにだけ使うものである。台所にある包丁とは訳が違うのである。

自公〝合体〟政権は、三分の二条項をできるだけ使って現在の〝危機〟を乗り切ろうとしている。しかし、そのことは〝危機〟をますます深刻にするだけである。自公〝合体〟政権は、そのことが分かっていないようである。

新テロ特措法案を再可決するために臨時国会を越年で再延長した。寺島実郎氏が「インド洋における給油活動などほとんどのアメリカ人が知っていませんよ。日米同盟とか国際貢献などと大きな声でいっているのは、日米安保条約で〝飯〟を食っている人たちだけですよ」と、あるテレビ番組でいっていた。それが現実だと思う。自公〝合体〟政権も要すれば同じ類なのである。だから防衛疑惑に迫ろうとしていないのである。

ガソリン税の暫定税率を一〇年間も延長するという。これも道路利権で飯を食っている人たちが困るだけのことである。三分の二条項をこんなことに使おうとしているのだから、自公〝合体〟政権は国民が本当に望んでいることが分からないのである。国民が真に望んでいることが分からない者には、政権を担当する資格がない。

自爆の道を突き進む自公〝合体〟政権

参議院選挙で大敗し、参議院で過半数を失った自公〝合体〟政権は、裸の王様なのである。その意思を国家の意思とする資格がない。憲法上、国民はその王冠を奪い取ることができないだけなのである。たまたま持っている三分の二条項という権力（＝刃物）で、僅かの間勝手気ままを押し通すことができるだけに過ぎない。解散総選挙でその刃物を失うことは明らかである。

裸の王様にいちばん必要なことは、己が裸であることに気が付くことである。すべてはそこから始まる。安倍前首相の続投・派閥談合による福田首相の選出・年金問題での開き直り・三分の二条項の発動など、自公〝合体〟政権は原点に立ち戻って考える決意がないことを明らかにしている。愚かであり、哀れである。醜悪であり、見苦しい。

総選挙で敗北させることにより、国民は自公〝合体〟政権にその実態を明らかにすることができる。裸の王様に怯えたり、騙される国民はいなくなる。すべての権力はある程度の虚像に支えられているものである。その虚像が白日の下に晒されたとき、権力は機能しなくなる。〝○○に刃物〟という言葉もある。裸の王様ということに気が付かない自公〝合体〟政権をいつまでも政権の座に就かせておくことは危険である。解散総選挙は、一日も早いほうがいいだろう。私は最近そう思っている。望むらくは、自公〝合体〟政権を政権の座から引き摺り下ろすことである。

自公〝合体〟政権は、その道をまっしぐらに突き進んでいる。すべて自業自得である。もって瞑すべし。

7　〝伝家の宝刀〟が仇となる

『FORUM21』二〇〇八年二月一日

そんなに急いでどこに行く

二〇〇八年（平成二〇年）一月一五日に越年の臨時国会は閉幕し、三日後の一日一八日には平成二〇年通常国会が始まった。両国会とも憲法五九条二項の衆議院の三分の二を使った法案の再議決が最大の焦点になる。

臨時国会では、新テロ対策特別措置法案が自民党・公明党の三分の二以上の賛成により再可決され、成立した。この法案の採決そのものは記名投票でなされたが、その前に行われた動議などは起立採決（賛成議員の起立による意思の表示で確認する採決の方法）で行われた。

そのとき起立しなかったある野党議員（反対であるから賛成する自民党や公明党の議員たちを座ったまま見ることになる）は、「それは津波が襲ってくるようだった」と私に語ってくれた。自公〝合体〟体制が現在もっている議席を、私はよく〝化け物のような衆議院における三分の二を超える議席〟と形容する。

私は国会議員としてこの身で体感したことはない。私は先輩として「そう感じたことは決して忘れるんじゃないぞ。そのような屈辱を憶えておくことが大事なんだぞ」といった。政治のエネルギーとか気迫とか執念というのは、そういうことを心に焼き付けておくことによって生まれてくるのである。

国会には〝神の力〟などない

新テロ対策特別措置法とはいったい何か。インド洋に展開する外国軍隊に対して給油・給水を行おうという法律である。詳しいことは省略するが、俗ないい方をすればブッシュ大統領に忠義立てするだけの法律であり、現実にその役割しか果たさない。

自公〝合体〟政権が再可決した一月一三日時点で報道各社の世論調査よれば、この法律案やインド洋の給油・給水に対する賛否は、反対が賛成をかなり上回っていた。五七年ぶりの衆議院の再可決に対する賛否も、当然のこととして〝好ましくない〟が〝好ましい〟を大きく上回った。

憲法は、各院の国会議員の賛否による意思の表示を国民の意思の表示と擬制している。議会制度が創設された時代には、世論調査などというものはなかった。また代議制度は、国民の意思そのものに必ずしも拘束されるものではないともいわれている。しかし、いろいろな見解があるとしても、国民の意思と明らかに異なる意思を国民の意思とする〝神の力〟などは国会には与えられていない。

再可決をめぐり、「参議院の意思が直近の民意である」とか、「憲法五九条二項の規定があるのだから再可決には何の問題もない」という意見が多く見られた。私はこのどちらの意見にも直ちに賛成できない。いちばん大切なことは国会は、国民の意思を表示するものでなければならない。国民の意思がどのようなものかを確定することは必ずしも容易ではない。しかし、国会に国民の意思と明らかに異なるものを国民の意思とする〝神の力〟など与えられていないことだけは確かではないだろうか。

租税特別措置法とは？

こんどの通常国会の最大の焦点は、租税特別措置法の改正法案となる。租税特別措置法というのは、税金に関して定められているいろいろな特別措置を延長したり、廃止したりする法律である。多種多様なものがあるが、まあ政府にとって都合の悪い内容（税収が少なくなるもの）を決まった期限よりも前倒しで廃止するものはあまりない。だいたいが国民にとって都合の悪い内容（税金を高くするもの）が多い。ガソリン税の暫定税率を定めているのもこの法律である。ガソリン税の暫定税率の廃止などは、政府にとって都合の悪いものである。しかし、多くの国民は暫定税率の廃止を求めている。各種の世論調査によれば、国民の七〇％以上がその廃止を求めている。

暫定税率で最も〝得〟している者

ガソリン税について詳しく述べることは、紙数の関係でこれも省略せざるを得ない。ガソリン税とはガソリンに課せられる揮発油税と地方道路税のことをいう。現在のガソリン税は、第一次石油ショックの際にガソリンの消費を抑えるために一九七四年（昭和四九年）四月一日から〝暫定〟的に実施されることになった税率であった。この措置により、ガソリン一リットルあたり二八・七円（内訳は揮発油税二四・三円、地方道路税四・四円）だったガソリン税は五三・八円（内訳は揮発油税四八・六円、地方道路税五・二円）に引き上げられたのである。この〝暫定税率〟が三〇年以上続いてきたのである。

地方道路税は国税であるが、国はこれを全額地方に譲与しなければならないことになっている。〝地方にはいまなお道路が必要なのだ〟という理由で、暫定税率の維持に賛成だと地方公共団体の首長などはいっているが、暫定税率が廃止されればいちばん税収が減るのが揮発油税の入る国土交通省であることは一目瞭然である。地方の道路財源を確保したいというのならば揮発油税と地方道路税の比率を見直せばそれで良いのである。

何と何との〝ねじれ〟が問題なのか

ＮＨＫなどでも〝ねじれ国会、ねじれ国会〟と平気でいっている。しかし、衆議院と参議院で与野党の議席が違っていることが国民にとって問題ではないのだ。その時々に行われた選挙で国民が投票した結果なのである。

国民にとって問題なのは、現在の国民の意思と違った意思が国会により国民の意思だとされることなのだ。そうした〝ねじれ〟が、国民にとっては問題であり、関心事なのである。マスコミなどは、こうした視点から問題を捉え〝ねじれ〟という言葉を慎重な扱いをすべきだと私は思っている。

新テロ対策特別措置法でも国民の意思と自公〝合体〟政権の意思は明らかに乖離していた。それを国民の意思としたのが、衆議院における再可決である。

自公〝合体〟政権はガソリン税の暫定税率を維持することも再可決で押し通そうとしている。しかも一〇年間も……。普通私たちは、一〇年間を暫定期間とはいわない。

自公〝合体〟政権は、「地球温暖化対策として必要だ」とか、「地方の財政や経済に穴が開く」などといって何がなんでもガソリン税の暫定税率を維持しようとしている。まさに詐欺師を見ている感がする。

再可決は道路官僚への忠義立て

自公〝合体〟政権は、できれば野党陣営を切り崩して参議院で租税特別措置法改正案を通過させようとしている。国民新党などは、すでに賛成することを決めている。しかし、最後は衆議院の再可決で成立させる覚悟である。福田首相がいくら丁寧な言葉を使っても、衣の下には鎧がいつも見えている。何のための誰のための再可決かといえば、国土交通省の道路官僚に忠義立てすることでしかない。

衆議院で与党の三分の二を超える議席は、逆転国会において自公〝合体〟政権がもっている〝伝家の宝刀〟である。その〝伝家の宝刀〟でやろうとしていることは、国民の考えとまったく違っているのである。自民党や公明党の支持が落ちるのは当然である。

自民党や公明党が自らの存在に本当に誇りと使命感をもっているならば、ブッシュ大統領や道路官僚のために自らの命運を危うくする危険な賭けはしないものである。それが責任ある者の身の処し方である。〝自重自愛〟という言葉は、そうした者に対する賛辞であり、心からの忠告なのである。

折角もっている〝伝家の宝刀〟を国民を敵にして粗末に使うことは、もっていること自体が不幸であり、結果として仇となる。自公〝合体〟政権は〝神〟なのか〝仏〟なのかしらないが、何か神秘的な力を与えられたと錯覚しているようである。

自公〝合体〟政権は、いまや狂信的存在として国民に対峙している。公明党がその出生の故に〝仏がかって〟いるのは不思議ではないが、国粋主義的な者もかなりいる自民党が〝神がかる〟のはやはり公明党・創価学会と〝合体〟したからであろう。

8　特別な〝ねじれ〟を、一刻も早く解消せよ！

『FORUM21』二〇〇八年七月一日

〝ねじれ〟のどこが問題なのか

わが国の政治のどこが問題なのかと問われると、多くの政治評論家は〝ねじれ〟国会だという。しかし、ねじれ国会は、本当に問題なのだろうか。自公〝合体〟政権の側に立つ人にとっては、ねじれ国会は困ったことなのであろう。

だがその立場に立たない人にとって、ねじれ国会など大した問題ではない。多くの国民もそう思っているのではないか。その証拠に多くの世論調査で、「次の総選挙で野党が伸びて欲しい」という回答が多い。比例区での投票は民主党を中心にする野党と答える人が自民党や公明党と答える人を上回っている。

国民の政治的意思は、国会の意思として表される。国会の意思とは、衆議院と参議院の意思のことである。通常〝ねじれ〟国会とは、衆議院と参議院の多数派が異なっていることをいう言葉である。多数派が異なれば衆議院と参議院の意思が異なるのは当然である。そんなことはこれまでもあったし、これからも度々おこるであろう。選挙制度が異なるのだし、選挙の時期が異なるのだから起こり得ることである。

具体的事例にみる民意と再可決の乖離

昨年の参議院選挙以後、どのような事例が具体的に問題になったのだろうか。最初に〝ねじれ〟は、新テロ特措法案を巡って起こった。参議院は、自公〝合体〟政権が衆議院で可決した同法案を否決した。当時の世論調査では、新テロ特措法案に反対との意見が国民の三分の二近くあった。ところが自公〝合体〟政権は憲法五九条二項により再可決した。新テロ特措法は成立し、いったん撤退していた自衛隊は再びインド洋に派遣された。

次に問題になったのは、日銀総裁人事に対する同意案件であった。自公〝合体〟政権は財務省出身の武藤氏、これが不同意になると田波氏に拘ったが、野党はいずれも不同意とした。人事案件には憲法五九条二項の再可決の規定が適用されない。自公〝合体〟政権が日銀出身の白川総裁で止むを得ないとしたので、ようやく決着した。

記憶に新しいところでは、いうまでもなくガソリン税の暫定税率を含む租税特別措置法改正案であった。道路特定財源の暫定税率の多くは、二〇〇八年（平成二〇年）三月三一日で期限切れになり本則税率に戻った。国民はガソリン税などの暫定税率の復活に三分の二近くが反対した。しかし、自公〝合体〟政権は衆議院で再可決し、即日公布施行して暫定税率を復活した。

権力の正統性を裏付けるのは、事実である

民主政治においていちばん重要なことは、国家意思の決定が国民の意思と乖離していないことである。世論調査などという手法がなかった時代は、国会の意思を国民の意思とすることにあまり抵抗がなかった。しかし、世論調査の技術が進歩して、国民の意思が世論調査によって正しく捉えられるようになった。

先ほど挙げた事例においては、新テロ特措法案も道路特定財源の暫定税率の復活も国民の大多数の意思と明らかに食い違うものであった。食い違うなんてもんじゃない。国民の意思と明らかに異なる決定を自公〝合体〟政権は再可決によって行ったのだ。これを正当化するいかなる理屈も虚しい。これを正当化する唯一の途は、自公〝合体〟政権が衆議院を解散し再び再可決に必要な議席を確保することである。権力が己の正統性を国民に示す途は、理屈でなく事実しかないのである。

現在の国会のねじれ現象を否定的に捉え、自公〝合体〟政権の再可決による問題の解決を非難しない政治家や政治評論家は、この根本が分かっていないのだ。権力の正統性を事実ではなく〝屁理屈〟によって正当化しようという輩なのだ。

手続の煩雑さは、〝ねじれ〟ではない

現在のねじれ現象を問題にする人は、もうひとつ重要な点を故意に見逃している。国民の間で意見の分かれる大きな問題を自公〝合体〟政権は最終的に再可決によって決着を付けた。自

公〝合体〟政権にとって権力と国会の意思は乖離していないのである。衆議院と参議院の意思が異なることなど、手続的に煩雑なだけのことに過ぎないのだ。最後は再可決の手続によって権力行使に必要なことを自公〝合体〟政権の意思で実現できるのだ。

自公〝合体〟政権にとって、権力と国会など少しもねじれていないのだ。ただ手続が少しだけ煩雑なことである。そもそも民主政治とは、権力に対する不信感から権力行使を不都合にする手続である。手続が煩雑なことを憂える政党や政治家などは、民主政治の本質を理解していない輩なのである。

民主主義体制における国会意思の形成が煩雑なことなど当り前のことなのだ。その証拠に独裁国家における国会意思の決定は、単純であり迅速である。重要なのは最後の決定権がどこにあるかという点だ。自公〝合体〟政権が衆議院で三分の二を超える議席をもっている現状では、最後の決定権を自公〝合体〟政権がもっている。そのことを私たちは片時も忘れてはならない。

「興一利不若除一害」――耶律楚材の言

政治をみるとき、私たちは具体的状況を具体的に分析しなくてはならない。現在わが国の現状は、衆議院と参議院の多数派が異なることは事実である。しかし、冒頭に触れたようにそんなことはこれまでもあったし、これからもあるであろう。

次の総選挙で野党が過半数を確保することは既定の事実ではないと私は思っている。解散総選挙後も衆議院と参議院の多数派が異なることは十分あり得ると考えている。そのとき多くの論者は、また〝ねじれ国会〟といって国士風に憂えるのだろう。

国家が重要なことを大根を切るように次々と簡単に決めることは、果たしてそんなに良いことなのだろうか。いま騒がれている後期高齢者医療制度は、自公〝合体〟政権が衆参両院で圧倒的多数をもっていた時に強行採決によって決められた。ねじれ現象を憂える論者は、大事なことが決められないことを嘆いている。

「興一利不若除一害（一利を興すは、一害を除くに若かず）」だ。中国の名宰相――耶律楚材の言である。私は現在においても政治の要諦だと思っている。特に自由主義の政治においては重要な要諦であると考える。自公〝合体〟政権が良かれといって行ったことなど、その大半は〝害〟以外の何物でもなかったではないか。

自公〝合体〟政権の意図

同じ〝ねじれ〟でも、自公〝合体〟政権が衆議院の三分の二を超える化け物のような議席をもっている現状は特別なのである。政治的には〝特別なねじれ〟なのである。だから私は注意を喚起する意味で、できるだけ〝化け物のような議席〟と表現するようにしているのだ。

衆議院の任期満了までまだ一年余ある。自公〝合体〟政権は、衆議院で化け物のような議席をもっている間に重要なことをすべて決めておこうと決断したのではないか。私はそうみている。福田首相の頼りない優柔不断なビヘイビアをみていると誰もが愚図でダメ首相と感ずるであろう。だがそうではないのだ。薄笑いを浮かべてエヘラエヘラしながら、重要なことをすべて決めておこうとしているのだ。そのカモフラージュなのだ。騙されてはならない。

いまわが国の権力を握っている勢力は、わが国の国会が本当に〝ねじれ〟ていない間に重要なことを決めておくことを狙っているのだ。実に危険極まりないことだ。そのど真ん中に創価学会・公明党がドッカリと居座っている。

野党は問責決議などでお茶を濁している場合ではない。野党は自公〝合体〟政権を追い込み、〝特別で危険極まりない〟ねじれ国会を解散させ、一刻も早く解消する使命と責任があるのだ！

9　政教分離の黒白をつける矢野絢也氏の証人喚問

『FORUM21』二〇〇八年八月一日

悪口雑言の羅列

創価学会が竹入義勝元公明党委員長を激しく攻撃していることは知っていた。キッカケは一九九八年（平成一〇年）朝日新聞に掲載された『五五年体制回顧録』であるという。当時私は衆議院議員であり、公明党・創価学会の政教分離に疑問を呈する政治集団の中心にいた。竹入氏の『回顧録』はそれほど重要なことを書いていると思われず、失礼だが現物そのものを読んだことはない。

読んだ人の評によれば、竹入氏が『回顧録』で指摘していたことは、概括的であり抽象的であるという。私たちが知りたいのは具体的な事実なのである。公明党の人事権を創価学会がすべて持っていたとするならば、どのように行使してきたかを具体的に知りたいのである。公明党が創価学会に事実上支配されていることなど、多くの人がそう思っている。

創価学会が竹入氏に続いて矢野絢也元公明党委員長に対しても激しく攻撃を始めたことは、それとなく聞いていた。しかし、創価学会が矢野氏をどのように激しく攻撃しているのか、『聖教新聞』等を取り寄せて見るほどの関心は私になかった。私も『聖教新聞』等で激しく攻撃されたことがあるが、〝悪口雑言〟の羅列であり、矢野氏への攻撃もその類なのだろうと思ったからである。

自公連立に反対しなかった連中たち

政党や政治家同士が批判し合うことはある。だが、それは悪口雑言を浴びせ合うことではない。政治に関わることを事実に基づいて指摘し、是非を明らかにしようとする政治的な戦いなのである。

一般の人々からみれば、矢野氏は創価学会側の人間である。公明党と創価学会の関係は不即不離の関係にあると多くの人々は思っている。矢野氏は公明党の書記長・委員長を長く務めた人である。不仲になったとしても、〝内輪揉め〟と思っても仕方ない。

今年六月に民主党などの有志議員が矢野氏を呼んで集会をもったことは報道等で知っていた。一九九三年（平成五年）自民党が野に下った時、公明党が細川連立内閣の与党であった頃、島村宜仲衆議院議員などが呼び掛け人となり「民主政治を考える会」が結成された。亀井静香氏が立ち上げた「憲法二〇条を考える会」もその頃結成された。そこには多くの自民党議員が名を連ねた。

山崎正友元創価学会顧問弁護士・藤原行正元公明党都議会議員などの話を、私が初めて聴いたのはそうした勉強会だった。しかし、そうした勉強会の中心的メンバーだった人々は自民党と公明党が連立を組もうとしたとき、反対しなかった。いまは、自公〝合体〟政権で唯々諾々としている。矢野氏を招いて前記集会が聞かれたと聞いた時、こうした勉強会のことを思い出した。

人命を脅す矢野氏の基本的人権の侵害

『文藝春秋』（二〇〇八年八月号）に掲載されている矢野氏の手記を私は何度も読んだ。全部で一二ページである。興味深いことがいろいろと書かれている。私はふたつの点を注目した。ひとつは、矢野氏が経験した基本的人権の侵害である。創価学会が矢野氏に対して行った人権蹂躙の行為である。私は次の特に重要な三点に注目する。

矢野氏は、二〇〇五年（平成一七年）五月一四日夜戸田記念国際会館において、創価学会青年部幹部ら五名に取り囲まれ、査問会同然の吊るし上げにより、彼らが予め用意していた文書に署名させられ、政治評論家としての活動をやめることを約束させられた。その際、谷川佳樹総東京長は、「人命に関わるかもしれない」「息子さんは外国で立派な活動をしている。あなたは息子がどうなってもいいのか」などと言って矢野氏を畏怖させた。

黒柳明元公明党参議院議員外二名は、二〇〇五年（平成一七年）五月一五日深夜矢野氏宅において、彼らの求めに従わなければ何をされるか分からないという異常に切迫した表情で畏怖し、矢野氏の三〇年余の重要な政治活動に関する記載がある一〇〇冊近くの手帳を持ち去った。

二〇〇五年（平成一七年）四月頃から、身元不詳の多人数グループが班編成で交代しながら、矢野氏の自宅近くに監視カメラを設置するなどして監視し、矢野氏や矢野夫人・秘書などが外出する際、四、五台の車両と一〇名前後の人物が執拗に尾行などする威迫行為を継続している。彼らは地下鉄のホームで矢野氏の真後ろに立ったり、車で十字路に突っ込んできて急ブレーキを踏むなど、矢野氏に身の危険を感じさせる行為を度重ねて行った。

限界を超えた人権蹂躙

これらは矢野氏が直接受けた人権蹂躙行為である。矢野氏は当時創価学会員であった。妻と息子夫婦とその娘三人が創価学会を退会したのは二〇〇八年（平成二〇年）五月一日であった。組織には構成員に対する一定の統制権があることは否定しないが、自ずから限界がある。政治活動の自由を制限したり、生命の危機を仄めかすようなことは、いかなる組織といえども許されない。

公明党の支持母体といわれている創価学会が、何人に対してであれ基本的人権を侵害することは、政治的に重大な事実である。黒白を明らかにしなければならない。矢野氏は一党の委員長まで務めた政治家である。その人が生命の危機を覚えたというのであるから、よくよくのことがあったのだろう。虚偽の事実をいったとしたら、矢野氏の政治的名誉は失われる。裁判とは別に、国会における証言で事実を明らかにする必要がある。

創価学会首脳が暗殺計画を企図

もうひとつは、公明党の元書記長・委員長として矢野氏が目撃・関与した創価学会と公明党の関係である。公明党が創価学会のためにどのようなことを行ってきたか、これは政教分離の上からも重要なことである。

「国会議事堂等周辺地域及び外国公館等周辺地域の静穏の保持に関する法律」で、政党本部周辺は静穏を保持するための規制がある。拡声器などの使用が規制されている。公明党の国会議員が新進党に全員移籍すると公明党本部は静穏地域でなくなる。そうなると創価学会本部がある地域が静穏保持地域でなくなるため、参議院議員だけで「公明」という政党を作ったのだと矢野氏は書いている。事実だとすれば、現代史の第一級の証言である。

また創価学会首脳が第三者を使い藤原行正元公明党都議の暗殺計画を立てていることを知った藤井富雄公明党都議会幹事長の依頼で、これを止めるように矢野氏が秋谷創価学会会長に要請した、と矢野氏は書いている。事は暗殺である。ぞっとする話であった。創価学会首脳とは一体誰なのか。この事実関係はどうしても明らかにしてもらわなければならない。

矢野氏は公明党の政治史そのもの

一九七〇年（昭和四五年）の言論出版妨害事件の際、池田大作創価学会会長の証人喚問を阻止するために心血を注いで防戦したこと、国税庁の創価学会に対する二度の税務調査の処理、創価学会の反社会的行動や政教一致体質などについて、公明党の書記長・委員長として体験・目撃したことを具体的に証言してもらいたい。

公明党と創価学会の関係は、公明党の政界進出の当初から多くの国民は胡散臭く感じてきた。自公〝合体〟政権で公明党は与党となっている。国家権力を行使している。多くの国民が嫌悪感をもっている。創価学会に恐怖感さえ抱く人も増えている。

竹入氏と矢野氏は、公明党の政治史そのものである。政教分離の問題を考える上で重要な事実を知っている。矢野氏は〝腹をくくって、妨害に屈することなく、〝国会から参考人や証人として呼ばれたら、喜んで出席〟するとのべている。民主政治の確立のため、国会は矢野氏を証人としてどうしても召致しなければならない。

3章　創価学会党化した自民党

『FORUM21』（フォーラム刊）二〇〇七年一月一五日号から二〇〇七年五月一五日号にかけて連載した「創価学会党化した自民党」を収録

公明党との連立で創価学会党に変質した自民党

『FORUM21』二〇〇七年一月一日　巻頭言「閻魔帳」

最近また公明党の政権参加・自公連立ということを問題にする人が増えてきたようである。結構なことだが、ちょっと分析の動機や視点が狭く浅いように私は思っている。自公連立の持つ意味や影響はもっと深刻であり、わが国の政治の問題を語るとき自公問題を抜きにしては語れないところまできてしまったのである。私が自公連立を問題にし、これと激しく戦ったのは二〇〇〇年（平成一二年）の総選挙と翌年の参議院選挙のときだった。もう七年くらい前のことである。一九九六年（平成八年）の小選挙区制による初めての総選挙では、公明党の政権参加が重大な争点になった。「新進党は創価学会党である」という俵孝太郎氏の論文は、自民党候補のバイブル的文書となった。自民党の幹部も多くの識者もこのことを口にした。国民の間にも公明党の政権参加を拒否する素直な感情があった。その結果、自民党はマスコミの予想を覆して新進党に勝利した。

公明党が政権に参加したのは、一九九九年（平成一一年）一〇月小渕内閣のときであった。そのときは小沢一郎氏率いる自由党と一緒であった。自自公連立は自公保連立となり、保守党の消滅で自公連立となってもう三年になる。新進党は創価学会党であるが、自民党は大きいので公明党と連立を組んでも創価学会党にはならないと主張する者もいた。かつて新進党を創価学会党と激しく叫んだ人である。しかし、この八年間の自公連立の固定化により、自民党はやはり創価学会党となった。公明党が政権に参加し、選挙まで一緒になって戦うようになった必然的結果なのである。自民党は公明党と連立を組むことにより変質してしまったのだ。これは自民党という政党の性質やメカニズムを分析すれば簡単に分ることなのである。

自民党は長年にわたり政権党であった。政権党になるために、また政権党であるが故に自民党には各界各層の支持者・支持団体がある。それはわが国のほとんどの分野をカバーしているといって過言ではない。労働組合は支持団体として直接自民党を支援することはないが、労働組合員で自民党を支持する人はかなりいた。労働組合が支持政党を調査したら、組合の中でいちばん支持の多いのが自民党だったという笑えない話もかなり耳にした。だから自民党は、わが国の全部とはいわないがこれに近い人々によって支持され、支えられている政党なのである。自民党が唯一の「国民政党」といっていたのは、あながち間違ってはいなかった。その代わり、自民党は利害の対立する諸階層や諸団体の中庸をとった政策をとらざるを得なかったのである。党内には主張を異にする派閥もあり、自民党の総裁といっても絶対的な力など無かった。総理総裁といえども、「戦々兢々として薄氷を踏む思い」で政権や党の政策決定や運営をしなければならなかった。

自民党には、かつての社会党の総評や公明党の創価学会のように、支持母体の中で大きな時には圧倒的な力をもつ支持団体などなかった。よく引き合いに出される特定郵便局長会や医師会なども当選に必要な数%を確保できればいい方であった。会社にたとえるならば、一%にもならない多くの小株主に支持された社長が自民党の総裁であった。多くの株主のいうことに耳を傾けなければ会社運営に支障が生ずるのである。自公連立によって一〇数%から二〇%近くの株をもつ大株主が出現したのである。社長はこの大株主の気分を害さなければ地位が保てるようになった。もう多くの株主=国民に「戦々兢々と」しなくてもよくなったのである。このような幸せな社長だったのが小泉首相であり、現在の安倍首相である。こうなった結果、小株主=国民が幸せになったかどうか、それが問題である。小株主が結束して創価学会という大株主に対抗するのは非常に困難である。こんな会社の株はさっさと売っ払うしかないのではないか。

1　序にかえて

本誌発行人の謀略（？）

この論文を書かなければならなくなったのは、本誌の発行人乙骨正生氏の謀略（？）である。私は雑誌などに投稿を頼まれたとき、以前はタイトルも自分でつけていた。雑誌社の方針でこれに変えられることはあったが、普通はこれがそのまま私の書いた物のタイトル・見出しとなった。一九九六年（平成八年）ころ創価学会問題で俵孝太郎氏と話す機会が多くあった。そのとき俵氏からタイトル・見出し・文中の小見出しなどはすべて雑誌社まかせで自分で付けたことなどないということを聞いた。一九九六年（平成八年）月刊誌『諸君』に掲載されたあの有名な「新進党は創価学会党である」という論文のタイトルも雑誌社の方で付けたのだろうか。

私は二〇〇一年（平成一三年）から月刊誌『財界展望』に「政界談義『白川勝彦の〝日本を斬る〟』」というコーナーに時事評論を五年間にわたり書いた。新党・自由と希望を立ち上げたころであったので忙しさにかまけ、見出しや小見出しや誤字・脱字の訂正まで編集者にまかせた。これはかえって良かった。やはりモチ屋はモチ屋である。以後普通の場合、投稿を求められた場合、このようにしている。

旧臘八日久々に乙骨氏と会い、旧交を温めた。このとき本誌が発刊されたこと、その発行人兼編集長ときにはライターも同氏が務めていることを初めて知った。自らの不明をおおいに恥じた。数冊をパラパラとその場で読んだ。なかなか面白そうであった。そのとき最近自公連立についていくつか思うところがあるので私も小論文を書こうかといったところ、乙骨氏から巻頭言「閻魔帳」に一文を書いてほしいと頼まれた。書こうと思っていた論を展開するにはちょっと枚数が少ないようには思ったが、発行人自らの依頼なので快く受け入れた。指定された締切日までには必ず原稿をデジタルで入れるが、タイトルや誤字などは編集部の方で付けてほしいと頼んでおいた。ただしタイトルが決まったら念のために教えろよとも付け加えておいた。

タイトルを見て驚いた

乙骨氏とは別件で連絡を取り合ったが、年末の忙しさにかまけタイトルの報告はなかったし私も確認はしなかった。押し迫ったころ本誌一月一日号が送られてきた。タイトルをさっそく見てちょっと驚いた。

「公明党との連立で創価学会党に変質した自民党」

である。

「新進党は創価学会党であるが、自民党は大きいので公明党と連立を組んでも創価学会党にはならないと主張する者もいた。かつて新進党を創価学会党と激しく叫んだ人である。しかし、この八年間の自公連立の固定化により、自民党はやはり創価学会党となった。公明党が政権に参加し、選挙まで一緒になって戦うようになった必然的結果なのである。自民党は公明党と連立を組むことにより変質してしまったのだ。これは自民党という政党の性質やメカニズムを分析すれば簡単に分ることなのである」

確かに私の小論にはこのように書いてある。しかし、これは漢詩ではないが前に出てきた文章と韻を踏むような軽いタッチで書いたものである。この小論では「これは自民党という政党の性質やメカニズムを分析すれば簡単に分ることなのである」というところに主眼があった。従って引用した文章の後の三段で巻頭言風ではあるがこのことを書いている。

正直にいって困ったと思った。だがそれは創価学会や自民党から睨まれることになるからなどというものではもちろんない。そんな臆病風に吹かれるくらいだったら最初から投稿するなどとはいわない。私が困ったと思った理由は別にある。

「創価学会党」の論拠を示す必要が

自民党はいちおう天下の公党である。しかも政権党である。いや正確には政権党のひとつである。残念ながらワンランク格下げである。私たちがかつて「自民党は政権党である」というときには誇りと気概と責任をもってこの言葉を使っていた。いまの自民党諸公にはこのような気概や迫力をもって発言や行動している気迫を感じることができない。

しかし、自民党はいやしくも（本当に卑しい党になったが……これはもちろん韻を踏んでの表現である）政権党のひとつであることに変わりはない。その自民党を「やはり創価学会党となった」というには、それなりの論証が必要であろう。もちろんこのことを論証するには与えられた枚数は少なかったし、巻頭言にはふさわしくない。だから頼まれた原稿は自民党の性質や運営のメカニズムというところに重点をおいて書いたのだ。

従ってタイトルとしては「大株主を得た幸せな社長　小泉・安倍首相」くらいがいいところかなあと思っている。私がこのようなタイトルを付けてさえおけば、私はこれからの論文を書かなくてよかったであろう。しかし、賽は投げられたのだ。

年末乙骨氏と忘年会で会う機会があった。そこで私は以上のことをいって同氏を軽くなじった。乙骨氏曰く、

「白川先生からいただいた原稿に中途半端なタイトルを付けてはかえって失礼なことになる。原稿の中に『自民党はやはり創価学会党となった』とありましたから、私がこう付けました」

このこと自体に私は何の不平や不満はない。しかし、やはり天下の自民党を創価学会党というう以上、これにはもう少し論拠を示さなければならない。乙骨氏に本誌でもう少し紙面を与えるようにいった。同氏がこれに同意したことはもちろんである。こうしてこの連載は始まることとなった。

変質してしまった自民党

衆議院の三分の二を超える化け物のような自公連立政権がいまわが国を支配している。そして戦後六〇年余の伝統的な政治的価値観からいえばハッキリいって悪政といえるひどい政治をやっている。暴政といってもいい局面も数多くある。

長い間一党で政権を担ってきた自民党は、それなりに国民世論を反映せざるを得ないメカニズムをそのなかにもっていた。それは件の巻頭言で書いたとおりである。しかし、そんな自民党はいまや存在しない。公明党との連立によって自民党は完全に変質してしまった。そこにわが国の政治がおかしくなった原因があるのである。

創価学会・公明党が自民党候補を選挙で応援するようになって、野党がなかなか勝てないようになったために最近では自公連立を問題にする人たちが増えてきた。しかし、本質はそんな問題ではないのだ。自民党候補に創価学会・公明党がつくことにより、プラスもあればマイナスもある。それは戦い方の問題である。一九九六年（平成八年）の小選挙区制の下で初めて行われた総選挙では、自民党はこの点を徹底的に攻撃することにより勝つことができた。

そのとき『諸君』に掲載された政治評論家俵孝太郎氏の「新進党は創価学会党である」という論文は、自民党にとっても小選挙区で厳しい戦いを余儀なくされていた自民党候補にとってもバイブル的論文であった。この論文はわが国の政治史に残るいくつかの優れた政治評論のひとつである。現在にも通ずる鋭い指摘が数多くある。

俵氏と一緒になって憲法論から政教分離を主張した私には、自公連立政権の問題点とりわけ自民党の創価学会化を指摘しなければならない責任がある。本来は自民党の問題であるが、政権の大部分を占める政党の問題であるから日本の政治の問題でもある。日本の政治を動かした俵氏の名論文に匹敵するものを書く自信はもちろん私にはないが、自民党を愛しその改革のために命を懸けて戦ってきた者として、その経験をふまえれば何がしかの参考になるものは書けると思っている。私にそのような物をものせよという深慮遠謀が本誌発行人である乙骨氏にはあったのかもしれない。深慮遠謀であるから冒頭「謀略（?・）」といったことはお許しいただきたい。以上をもってこれから論ずるテーマの序とする。

2　排他独善、高じて批判者を抹殺する自民党——その1

巨大な政治的な存在——創価学会

私がこれから論じようとするテーマは、「創価学会党化した自民党」である。

自由主義政党や社会主義政党の場合、それを分析したり批判しようとしたとき、学問的な一定の概念を用いることができる。しかし「創価学会党」なるものは日本にしか存在しない特殊な政党であるから、創価学会党とは何かをまず定義しなければならないことになる。そして創価学会という存在もまたきわめて特殊な存在である。だからけっこう厄介なテーマである。

創価学会は宗教法人法に基づく団体であることは疑いないが、宗教団体というそのことを問題とする人もけっこう多い。小泉チルドレンなどをみていると衆議院議員イコール政治家とてもいえないように、宗教法人法に基づいて設立された団体だからといって、イコール宗教団体と呼べるかとの疑問が出てきてもそれ自体は不思議ではない。これまでも宗教法人法に基づいて設立された団体であっても、世間の普通の意味における宗教団体と呼べないものも数多くあった。

しかし本稿はこのことを直接のテーマとするものではない。それは宗教や宗教法人法の専門家に譲ることにする。本稿が対象とするのは、信者というのか会員というのか知らないが、構成員が一〇〇〇万人いるといわれている、現に存在している創価学会という団体である。創価学会は実に巨大な社会的な存在であり、かつ政治的な団体でもある。日本の政治を論じる場合、創価学会に関心をもたざるを得ないし、それは必要なことでもある。わが国の政治学者やジャーナリズム・マスコミがことさらに創価学会から目を背けようとしていることの方がおかしいのである。

排他独善――高じて批判者抹殺的体質

宗教的な存在としての創価学会についてどのような問題があるのか、私はそれなりに本を読んだり、いろいろな人の話は聴いたことあるが専門家として論ずる能力も資格もない。政治的な存在としての創価学会には関心もあるし、それに関与せざるを得なかった。だからある程度勉強もしてきた。社会的な存在としての創価学会についても私はかなりのことを知っている方だとは思うが、専門的なことはいえない。

そこで私は宗教的・社会的な存在としての創価学会について、数人の専門家に集まってもらい、創価学会の特質や問題点などを全面的に聴いた。この団体は実に多くの問題点を抱えているようである。この団体の特質や問題と指摘される特異で異常な体質は数え切れないほどあるようである。

しかし、数の多いことをもってよしとしない。特に政治的な論述や演説では、問題点はひとつがいちばん良い。創価学会の場合、とてもひとつという訳にはいかないようだが、私は少なくとも五項目に絞ってもらいたいとお願いした。最終的には五項目に絞られたがこれはけっこう難しい作業だった。

創価学会の特殊な体質・問題点として、排他独善的でありさらにはこれが高じて批判者を抹殺する特異性をあげることについては全員の意見が一致した。従って、まずこの視点から創価学会の問題点——創価学会党の問題点を観てみよう。

なお創価学会党とは何かを考察する場合、いちばん分りやすいのは公明党をよく観察することであろう。創価学会も公明党も、公明党は創価学会党であるといわれることを嫌い、いろいろな策を弄しかつ意味のない努力をしているが、多くの国民は公明党を創価学会党と政治的に認識している。私もそう思っているし、本稿でいまさらこのことを論証しようとは考えていない。国民や私のこうした政治的認識は長い間の多くの事実に基づくものだからである。

民主主義とタブー

娑婆（しゃば：仏教用語で、人間が現実に住んでいるこの世界——広辞苑）に住んでいる生身の人間などという者は、多かれ少なかれ独善的なものである。そんな人間が作る団体もまた独善的であり、排他的なものであることは否定できない事実である。このように独善的かつ排他的な人間や団体の人権や利害を調整するシステムとして民主主義が生まれ、多数決原理によって共存共栄をはかる努力がなされている。

しかし、信仰の自由とは、科学的合理的に証明することを求められないことを信ずる自由である。いかなることやものを信仰しようが信仰の自由である。従って宗教団体にこうした傾向があることはある程度やむを得ない。

だがそれは信仰の自由にとどまっている限りにおいてであり、ある信仰に基づく具体的な行動が社会的なものとなったとき、それが法律や社会的な規範によって批判されることを妨げるものではない。

創価学会においては絶対に侵すことができないタブーがあるという。それは創価学会の名誉会長である池田大作氏の言動について疑義を呈したり批判することだという。ちなみにタブーとは、「触れたり口に出したりしてはならない物・事柄」と広辞苑にある。創価学会においては、池田大作氏の存在・言動は批判的に触れたり口にしてはならないタブーなのである。

宗教団体としてそれが特殊例外的な特質なのかどうか、私には詳しく論じる能力も資格もない。しかし社会的な存在としては、現在の価値観に従えばかなり特異な存在となる。政治的な存在においてはそれは特異であることはもちろんであるが、民主主義に違背する許容されない危険な体質とみなされる。なぜならば民主主義の政治の世界では、自らの主張や政策の正当性を科学的・合理的に論証し、相手の主張や政策を同じように反駁することによって利害を調整することが政治の営みと考えられているからである。

批判者を抹殺しようとする自民党

池田大作氏という特定の個人的存在を絶対不可侵とすることが宗教の世界でどう評価・論及されるのか、それは専門家に委ねよう。しかし創価学会においては前記池田タブーに違背したり批判する者を絶対に許さない、さらにはこれを抹殺しようという特異性があるという。これは宗教の世界でもきわめて特異かつ異常な体質とされているようである。

民主主義の政治の世界では、反対者や批判者を抹殺しようとすることは決して許されない。反対意見が多数決原理によって否定されることは日常的によくあることである。しかし賢明な多数者は少数の反対意見もできるだけ納得させる努力をする。

創価学会党の本家である公明党において、池田タブーに違背した政治家が抹殺されていったことを私たちは数多くみてきたところである。同じようなことが自民党でも行われるようになった。抹殺と言えば刺客という言葉が乱舞した郵政問題を想起する人が多いと思うが、郵政問題は詫び状を出すことで許された。

自民党の中の本当のタブーは、公明党との連立問題である。公明党との連立に反対や批判することはタブーなのである。勇ましそうなことをいう自民党の国会議員はけっこういるが、いまや自民党と公明党の連立を問題にしたり批判する者はいない。タブーなのである。このタブーに違背した者はいずれ抹殺される。池田批判は公明党との連立批判となる。公明党が池田タブーに支配されているように、自民党の国会議員も池田タブーに洗脳されたかもしくは無批判となった。

3　排他独善、高じて批判者を抹殺する自民党――その2

まんざらでもない自分勝手党

排他独善、高じて批判者を抹殺する体質は、創価学会のもっとも非民主的で反社会的な問題点として多くの識者が指摘するところである。このような体質となった自民党すなわち創価学会党化した自民党について、前号に引き続いて私が実際に体験したことなどをも踏まえてさらに詳しくみることとする。

私は一九七五年（昭和五〇年）に衆議院選挙に立候補することを決意し、そのための政治活動を始めた。国政に参加することを目指しているのであるから、いかなる政党に所属して政治活動をするかということは曖昧にはできない問題であった。私は躊躇することなく自分が所属したい政党は自民党だと表明した。

その理由は極めてはっきりしていた。その当時存在していた政党の中で、自由主義を党の基本的な理念としていた政党は自民党しかなかったからである。日本社会党は社会主義、日本共産党は共産主義、民社党は民主社会主義、公明党は人間性社会主義をそれぞれ党の基本理念として掲げていた。自由主義者を自認する私としては、少なくともこれらの党に所属することは理屈としてできなかった。

自民党が自由主義を掲げていたからといって、自由主義政党であるかどうかは別問題である。私も一八歳の時から政治活動をそれなりにやっていたので、それほど単純にみていたわけではない。例えばナチスの正式名称は、国家社会主義ドイツ労働者党である。

しかし、自由主義と明らかに異なる政治理念を掲げる政党に所属することはできない。また自民党が自由と民主という看板を掲げている以上、自由主義そのものを否定することはできないだろうと考えたからである。そして私の政治活動の目的は、日本に真の自由主義政党を作ることだった。真の自由主義政党がなければ、わが国の自由主義を本当に発展させることも、根付かせることもできないと考えたからである。

これは基本的には間違いではなかった。自民党は自由主義者が集まって作っている政党などという高尚なものでは決してなかった。自由主義などを全然理解できない人々もけっこういた。しかし、立派な自由主義者もいた。私の政治の恩師である大平正芳氏などは、戦後におけるもっとも毅然とした自由主義者であった。こうした優れた自由主義者が一派（宏池会）をなすことができたのも自民党であった。

自民党は自分勝手党などと揶揄されることもあった。二〇数年間自民党に籍をおき、党本部の重要な役員もいくつかやったが、この表現はそれなりに自民党の本質をいい当てているように思う。しかし、それほど捨てたものでもないと思うこともあった。

ひとつは、戦後のわが国の政権を担当し、日本を自由で豊かな国にしたことである。自由主義や民主主義とまったく相反することをやっていたのではこういう成果をあげることはできない。ふたつめは、私のようなかなり激しい自由主義者でも苦労がなかった訳ではないが、それなりに活動することができることであった。

自由主義政党とタブー

自由主義社会であるかどうかは、いかなる主義や主張でも自由であることである。自由主義社会では、たとえ自由主義を否定する考えといえどもその自由を認めるということである。自由な社会では、そのような考えが尊敬されることはないであろうが……。

自由主義政党は、本来は自由主義者が集まって作り、自由主義の理念に基づき党の運営や政策が遂行されることが理想である。自民党はそれほど立派な自由主義政党でなかったことは確かである。しかし自由かつ民主的に運営されてきたかどうかは別にして、少数意見を排除したり批判者を抹殺するようなことはなかった。

自民党は自主憲法制定すなわち憲法改正を党是とするといわれている。本当はこのことも怪しいのだが、現在の憲法を改正する必要は見出せないと公然と主張していた私を排斥したり除名したりすることはなかった。私がそのような主張をすることは何の支障もなかったし、その主張の故に党内の地位が不安定になったり不利益となるようなことはなかった。

自由主義政党で、社会主義を基本理念とすべきと主張することなどは政党の性格からしてありえないが、それ以外は本来自由でなければならない。私にいわせれば自由主義に反するような主張をする者もけっこういたがそれ故に除名されることはなかったが、それと同じように私のような者も除名されるようなこともなかった。田中角栄氏が党内の三分の一近くの議員を集め大派閥を形成していたときでも、田中政治を批判することはできたし、現にそのような動きもあった。

自由主義政党においては、タブーは許されない。自由主義の政治思想には、侵すことのできない絶対的な存在としての神も仏も国王も指導者もいない。そのすべてが批判の対象となる。その批判に堪え得るもののみが、政治の世界に君臨できる。「偽りの絶対的な存在」は、批判を嫌う。これを弾圧しようとする。その最も激しい形態が、批判者の抹殺である。

エゲツない落選工作

創価学会党の本家である公明党の批判者抹殺は有名である。公明党の要職にあった者でも例外ではない。かつて公明党委員長であった竹入義勝氏や委員長・書記長であった矢野絢也氏に対して、創価学会・公明党は社会的に抹殺すべくその機関紙などを使って罵詈雑言を浴びせている。少しでも池田大作氏を批判すれば、誰であっても容赦呵責ないのだ。

私も自民党から同じようなことをされた。最初のそれは二〇〇〇年（平成一二年）の総選挙の時である。私は新潟六区から自民党公認候補として立候補した。私は自民党が公明党と連立した後も、党内有志と共に「政教分離を貫く会」を設立するなどしてこの連立に反対してきた。だから公明党が私を推薦しないのは構わないし、私も創価学会や公明党の推薦を受けようとは思わなかった。創価学会・公明党は、新潟六区で民主党候補を推薦し、熱心に応援した。

こうなると話はちょっと違ってくる。総選挙というのは、与党対野党の政権を賭けた戦いなのである。党の執行部としては、自民党の候補である私を勝たせなければならないのである。連立を組んでいる公明党に対して少なくとも野党候補を推薦・応援することくらいは止めてもらうようにするのが執行部の最低限の仕事である。しかし、当時の自民党執行部は、公明党と一緒になって私を落選させることに汲々としていた。

新潟六区はコスタリカ方式で、かつての私のライバルであった自民党議員が比例区に回り、小選挙区から立候補する私を支援する番だった。その議員の地盤だったところは、その議員の力で私の票を出すことが勝敗を決することになる。党執行部はその議員が選挙区に入ってそのような活動をさせないようにした。私が落選したのは、その議員の地盤とする地域で思うような票が出なかったことに直接の原因がある。

私は当時秘書の不祥事で苦しい選挙戦を余儀なくされていたが、それでも一一万四四〇四票を獲得した。惜敗率は九五・五％であった。常識的な比例名簿を作っていれば私は文句なく復活当選していたが、訳の分らない比例名簿を作って惜敗率四一・〇％の者が当選するようにされていた。こういうエゲツないことをした張本人が、当時の野中広務自民党幹事長だった。彼こそが自民党を公明党に売り渡した「売党分子」である。

市長選に幹事長のお達しが……

二〇〇六年（平成一八年）五月、私は郷里の十日町市の市長選挙に立候補した。国政に関する私の意見や想いはいろいろあったが、私の意見は結局容れられなかったのだからそれはすておいて、将に蕪せんとしている郷里のために働こうというのが私の決意であった。私の後援会青年部から強い要請を受けての決断であった。

私は国政の問題を十日町市にもちこむ気など毛頭なかった。私のことをいろいろと心配してくれるかつての先輩同僚が私のために支援してくれた。私としてはこういう先輩同僚から応援に十日町市に来てもらいたいと思ってその段取りを取ろうとしたら、当時の武部自民党幹事長から白川の応援に行くことは罷りならないとの通達が自民党議員に流された。

十日町市長選挙において、自民党は誰も公認も推薦もしていないので、党規違反の問題は起きない。しかも人口六万ちょっとの市の市長選である。こんな選挙に党の幹事長がわざわざお達しを出すなどということは、かつての自民党では考えられなかった。

創価学会・公明党がこの市長選にタレントや国会議員を投入し、白川にだけは入れるなと活動したと聞いた。前記のお達しにもかかわらず私の応援に来るという同僚の議員のところに、創価学会の県長が電話をかけてきて応援に行くのを見合わせるようにいったという。そのために応援にこられなくなった同僚が何人もいた。

私は当時こんなことを何とも思わなかったし、大騒ぎもしなかった。またそんなことが私が選挙に敗れた原因とも思っていない。いま考えてみると批判者を抹殺せよという体質の現れだったと思うので、あえて記した次第である。

加藤派の殲滅の仕方

加藤紘一衆議院議員も基本的には公明党との連立に慎重かつ批判的であった。それは一九九九年（平成一一年）の自民党総裁選に立候補した時の加藤氏の主張をみればよく分る。その加藤氏が二〇〇〇年（平成一二年）一一月いわゆる「加藤の乱」を起こした。その是非や敗因を分析することはこの際省略する。

問題は加藤の乱後の自民党の対応である。自民党は加藤派に属していた古賀誠衆議院議員を幹事長に抜擢した。この人事の狙いは、加藤派を殲滅するため以外の何物でもなかった。加藤派は見事にズタズタにされた。党内で大きな存在であった加藤派は、一〇数人の小派閥に転落させられた。自民党は幹事長という要職を加藤派殲滅のために使ったのだ。

加藤氏は、大平正芳氏直系のリベラル派であった。リベラル派が全体主義的体質を強くもっている公明党との連立に批判的になるのはやむを得ないであろう。これが公明党との連立志向派には気に入らなかったのだろう。公明党からの要請があったのかもしれない。そして古賀氏自身が野中氏と並んで自民党を公明党に売り渡した売党分子そのものである。

加藤派の殲滅は、自民党リベラル派の殲滅でもあった。自民党には、政治的母体としてのリベラル派はいまや存在しない。加藤氏は二〇〇〇年（平成一二年）の総裁選では小泉純一郎氏に協力したが、小泉氏とその周辺は加藤氏を決して許していなかった。加藤氏が秘書の脱税問題で議員辞職に陥れられたのも、彼らの思惑が背後にあると推測している。

傍若無人な態度と物のいい方

最近テレビはやたらと政治家を出演させる。中には政治家にちょん髷までかぶらせるものまである。かぶらせるテレビ局も問題だが、かぶる方もかぶる方だ。それはそれとして、これらの番組を見て感じることは、自民党や公明党の政治家の態度と物のいい方である。

戦前に大政翼賛会というものがあった。大政翼賛会の推薦を受けて議員となった者を翼賛議員と呼んだ。私は翼賛議員などもちろん知らないが、多分いまの自公〝合体〟政権の政治家のような態度と物のいい方をしていたのではないかと思うのである。自公〝合体〟政権の政治家にとって、小泉改革や日米同盟は天皇の政治（大政）と同じように神聖不可侵のものらしい。

最近になって小泉改革の綻びが指摘されるようになった。小泉氏が主張したことは、アメリカのネオコンと呼ばれる人たちと同じであって、自由主義の思想の中でも少数意見に過ぎないのである。

日米同盟の世界観にいたっては、わが国の保守政治の中でも全体として認知されるものではなかった。ほんの一部の保守反動と呼ばれる人たちの主張でしかなかった。同盟関係などという表現は、普通は軍事などを考える際に使われる言葉である。軍事だけを考える場合、ものごとを批判的に考えないのがその特徴である。国全体の外交や安全保障を考えるにあたっては、いろいろな視点からものごとを考えなければならない。批判的な観点も当然に必要である。

ところが自公〝合体〟政権の政治家には、このような視点がまったくないのである。小泉改革や日米同盟に批判的なことをいう野党の政治家に対して、論拠を示さないで小馬鹿にしたような態度で反撃する。タブーを認めない非国民に対するような態度と物言いなのである。排他独善は、党外の人にも及んでいるのである。そしてこの排他独善が高じて、いずれ国民を抹殺する刃となるであろう。

4　反自由的で非民主的となった自民党

創価学会の第二の特質

創価学会ウォッチャーは創価学会の第二の問題点として以下のようなものを挙げた。言論封殺、反人権、権力主義、上意下達、中央集権、大衆蔑視、独裁者崇拝、議会制民主主義否定などなど。私はこれを要して「反自由にして非民主的な体質」と呼びたい。

創価学会党の本家である公明党にはこのような体質が見事なまでに備わっていることは国民の多くが知っているところである。それでは創価学会党化した自民党では、この点はどうであろうか。

最近の自民党は、公明党に比べてもそんなに遜色のない反自由的で、非民主的な政党となってしまった。そして恐ろしいことは、自民党が反自由的で非民主的な社会や国を作る先頭に立っていることである。

〝不自由非民主党〟との嘆きが……

「最近、自民党の若手議員のなかには、自民党とは〝不自由非民主党〟の略だと自嘲気味に言う人が多くなりました。その人自身が不自由非民主党でもいいと思っているのなら、それでもかまいません。しかし、それならば自由民主党と名乗るのはやめてもらわなければなりません。混乱のもとです。もっとも、人間は自分にないものを名前につけたがるものだと言う人もいます。自由で民主的でないから、せめて名前だけでも自由民主党。公明正大にやれないから、公明党。一面の真理かもしれません」

これは私が二〇〇一年（平成一三年）五月に発刊した拙著『自民党を倒せば日本は良くなる』の一節（同書二六頁）である。この時点で私はすでに自民党を離党していた。その私に対して多くの自民党の若手議員が〝不自由非民主党〟という言葉を使って当時の現状を嘆いた。それまで私はそのような表現を使って、自由や民主性がないことを非難したり嘆いたりことを聞いたことはなかった。

私はそれまでも党執行部などに平気で抵抗してきたし、戦いを通じてそれなりに心身ともに頑強な政治家として鍛えられてきた。そして加藤の乱が起きた時には国会議員でなかったし、加藤派鎮圧を党内で直接受けた訳ではない。良きリーダーを失った若い政治家に私と同じように行動せよという方が無理なのかもしれない。その当時から自民党は、不自由で非民主的な党になり始めていたのだ。

なぜ反自由的な政党になったのか

自分勝手党と揶揄されることはあったが、不自由非民主党などと自嘲気味にも呼ばれなかった自民党が、そうなったのには二つの理由が考えられる。そのひとつは、小選挙区制の導入により選挙において党執行部の権限が大きくなったからであろう。もうひとつは、公明党との連立がもたらした弊害であろう。

第一の理由を私は故なしとしない。しかし、それのみを理由とすることにも反対である。小選挙区制を採用しているアメリカやイギリスでそのようにはなっていないからである。

やはり連立の相手である公明党の特異な体質が影響していると考えざるを得ない。最初のころは、不自由程度だったのかもしれないが、連立を組んで一〇年以上経つと、不自由を通りこして「反自由」と表現した方が良いという段階まで来たというべきであろう。

自由主義を基本的理念としない公明党が、国民の自由について鈍感で敵対的な政策を採るのはそれ自体そんなに不思議なことではない。しかし、曲がりなりにも自由主義を指導理念として標榜している自民党が、国民の自由＝基本的人権に対して鈍感かつ敵対的な政策を採用することは許されない。

自公〝合体〟政権と官僚との癒着

官僚というものは本質的に反自由的なものである。それは古今東西の官僚の通弊である。わが国の政治がいまなお官僚に強く支配されていることは、国民の共通した認識である。国民の代表たる政権党が官僚の反自由的なところをチェックしない限り、官僚の立案する法律や政策は反自由的であり、非民主的なものとなることは当然の成り行きである。

民主主義体制の国では、官僚は自ら政権を組織することはできない。従って政権を組織しそうな政党に擦り寄り、さらにはこれに寄生して官僚の地位と権限と組織を増殖しようとする。

官僚にとっていちばん相性がいいのが、反自由的で非民主的な政党である。すなわち創価学会党は、官僚が望む政党なのである。創価学会党の本家本元の公明党と創価学会党化した自民党が組織する政権の下で、政党と官僚の癒着が進むのは当然の帰結なのである。

党内のリベラル派を抹殺した自民党には、自由主義の立場から官僚の立案した法律や政策をチェックする能力はなくなってしまった。国民はこの現実を知らなければならない。それでもあまりにもひどい場合には、自民党のリベラル派が一定の歯止めをかけてくれるだろうとの幻想を抱くことは危険である。党内のリベラル派はすでに完全に殲滅させられたからである。

自民党の長期政権の秘密

自民党の総裁は、党の代表であり責任者である。それは過去も現在も変わらない。しかし、小泉純一郎という自民党総裁は独裁者として行動し、自民党の国会議員や党員はこれを許容するばかりか、熱狂的に歓迎したのである。これまでにも大きな力をもった総裁や実力者はいたが、自民党はその人が独裁者として振舞うことを許容しなかったし、歓迎することなど決してなかった。

大きな力をもった総裁や実力者に対して果敢に挑戦する者がいつの時代も常に存在していた。その挑戦者が勝ったか負けたかはこの際あまり重要なことではない。党の権力者を批判する者が党内に常に存在していたことに意味があるのである。

大きな力をもつ総裁や実力者に挑戦する者は、敗北するケースが多かったことは事実だが、いつかはその存在が大きな役割を果たすことも多かった。振り子の原理による擬似政権交代と呼ばれるものだ。このようなシステムを意識的か無意識的か知らないが自民党が党内にもっていたことが、長い間政権党でいられた大きなカラクリなのである。例えば金権批判で退陣を余儀なくされた田中首相の後継者に、〝晴天の霹靂〟で三木武夫氏が指名されたことはその典型として多くの人が知るところである。一九九三年（平成五年）の総選挙で野党になった自民党を、一年足らずで自社さ連立政権で政権党に復帰させたのは、保守リベラルといわれてきた私たちだった。護憲をレゾンデートルとする社会党との連立は、憲法改正を声高に叫ぶ自主憲法制定派が主導権をもつ自民党では構想もできなかったであろうし、実現させることは決してできなかったであろう。

独裁者が指名した後継総裁

小泉氏の後継総裁に安倍晋三氏がなれた最大の理由は、当時独裁者として自民党に君臨していた小泉純一郎総裁が陰に陽にあらゆるテクニックを使って事実上安倍氏を指名したからである。

総裁選は確かに行われたが、最初から党内でもマスコミでも消化試合と揶揄されていた。小泉首相の〝改革路線〟に対して明確なアンチテーゼを提起する候補者は立候補することすらできなかった。

自民党には田中角栄支配といわれる時代がかなりあった。私の国会議員としての前半の活動は、この田中支配から自民党を解放することにあったといっても過言ではない。その時代でも、今回のような気の抜けた総裁選はなかった。

二〇〇六年（平成一八年）の総裁選を観ていて私が感じたことは、委員長選挙を一回もやったことがない公明党の党首選びと一体どこが違うのだろうかということだった。私にはその差異は見出せない。政治的にはまったく評価する経歴も材料もない安倍晋三氏に、党内の国会議員が我も我もと先を急いで群がって行くのは、おかしかったというより不気味だった。

小泉氏は独裁者として振舞った。これに反対する者には刺客が放たれ、抹殺されたのが郵政解散選挙だった。小泉劇場と呼ばれた政変劇である。刺客を志願する者が多くいたし、これを歓迎する多くの国民がいたことを私たちはこの目で観た。

このような政治的ビヘイビアを見て、近隣の諸国がわが国に対して恐怖の念を抱いたのは、私は想像に難くない。わが国の軍事独裁政権に蹂躙されたアジア諸国が、わが国に対する警戒感をなかなか捨てきれないのは、実はこんなところにあるのではないか。

わが国民には独裁者を好む性癖があるのかもしれない。自由を愛し、民主体制を望む者は、このことを常に自重自戒しなければならない。

安倍首相は、独裁者であった小泉首相が事実上指名した後継者である。安倍氏が独裁者となれるかどうかはいまのところ不明である。業績が芳しくなければ、安倍首相は自民党の独裁者にはなれないであろう。しかし、自民党という政党の国会議員や党員が独裁者を許容し、いい方を変えれば独裁者を望む体質が多分にあることを私たちは忘れてはならない。

党運営は国家運営のモデルである

政党の運営の仕方を国民はよく観ておく必要があると私は考えている。なぜならば、政党の運営の仕方を観ているとその政党が政権をとった場合、同じような仕方で国家を運営するからである。

共産党政権の国では、共産党の体質を反映した国家運営がなされていた。このことは多くの人々が知っているところであろう。これは共産党政権の国だけにいえることと私は思っていない。

自由主義国家には、健全な自由主義政党がなければならない。わが国の憲法は世界に冠たる自由主義憲法だが、わが国が世界に冠たる自由主義国家かと問われたとき、自信をもってそうだといい切れる人が一体どのくらいいるだろうか。それは長い間政権を担当してきた自民党が健全な自由主義政党でなかったところに原因を求められる。

党内リベラル派を殲滅した自民党に、自由主義者と呼べる人が一体どのくらいいるのだろうか。私は自らの体験に照らして、それは〝木に登って魚を求める類だ〟と考えているが、甘い幻想を抱くことだけは危険だとあえて忠告しておく。

公明党は、創価学会党の本家本元として見事なまでに反自由的であり、非民主的な党である。そして選挙協力を餌に、公明党は自民党に対して創価学会党たる特質を強く求めているだろう。党内の実力者を批判したり対抗することを止めた自民党の国会議員が、肉食動物のとしての牙をもつ公明党のこのようなプレッシャーに抵抗するとは私には考えられないのである。

自民党は今後ますます反自由的になり、非民主的になっていくであろう。私はその例をあえて指摘する必要を認めない。多くの国民がこのことを随所で感じていると思うからである。

今は昔――自分勝手党

自分勝手党などと揶揄されたころには、まだ健全な自由主義政党になる一縷の望みはあった。少なくとも私は自分勝手党の中に二〇数年間いて、自由闊達に行動した。それが許されたし、そのような者が所属する派閥から党の指導者＝総裁や幹事長が何度も出た。大手を振って歩いていたかどうかは別にして、肩身が狭い思いをしたことはまったくなかった。

そのような党風の中で、自民党は国民世論を反映する党の運営や政策をある程度実行せざるを得ないシステムを党内にもっていた。自分勝手党の時代ならば、刺客作戦など決して成功しなかったであろう。〝私は偉大なるイエスマン〟と臆面もなくいうおかしな幹事長は決して現れなかったであろう。

昭和二〇年代の自由党（自民党の前身）の除名騒動などがあった激しいバトルは、書物の中でしか私は知らないが、一九八〇年（昭和五五年）のハプニング解散は実際に私はこの目で観た。大平内閣の不信任案に賛成した候補者もほとんど当選した。中選挙区制だったからと片付けることはできないであろう。日本風にいえば判官贔屓、中国風にいえば造反有理、アメリカ風にいえば反デクテイター（dictator ＝独裁者）ということであろうか。いずれの国においても独裁者は嫌われてきた。

しかし、公明党と自民党には独裁者がいるか、あるいは独裁者を求める体質があるということに私たちは注意しなければならない。自民党と公明党が合体して組織する政権（私はこれを自公〝合体〟政権と呼ぶこととする）を握っている、正確にいえば国民が握らせていることを、私たちは忘れてはならない。

5　詐術的・謀略的手段を平気で用いる自民党――その1

詐欺師やKGBの世界

創価学会ウォッチャーたちは創価学会の第三の問題点として以下のことを挙げた。執拗な攻撃性、暴力性、（司法・選挙など）の制度を悪用、非合法手段の多用、世論操作、やらせ、誹謗中傷、言行不一致、二枚舌、虚偽を平気でいう、品性欠如、ごまかし、自己矛盾・自己撞着、弱者の利用と切捨てなどなど。

まあ、よく挙げたものである。雰囲気は分らない訳ではないが、これでは一体どこに問題性があるのかハッキリしない。そこで私はこのグループをふたつに分けてみた。ひとつのグループは、（司法・選挙など）の制度を悪用、世論操作、やらせ、誹謗中傷、言行不一致、二枚舌、嘘を平気でいう、品性欠如、ごまかし、自己矛盾・自己撞着、弱者利用と切捨てなどである。これは詐術的手段を用いる体質といって良いと思う。俗ないい方をすれば、詐欺師の類ということになる。

もうひとつのグループは、執拗な攻撃性、暴力性、（司法・選挙など）の制度を悪用、非合法手段の多用、世論操作、やらせなどである。これは謀略的体質といっていいだろう。俗ないい方をすれば、スパイや強面のヤクザの類である。

同じものを両方にいれたのは、詐術的なものも程度によっては謀略的手段にもなるからである。刑法的にいうならば、前者は詐欺の類である。後者は強盗・恐喝の類である。どちらも許されることではなく、刑法では前者より後者の方が重く罰せられている。しかし、政治的・社会的にはどちらも大きな問題点があり、詐術的手段による被害の方が大きいこともある。

「自民党をぶっ潰す」発言の詐術性

創価学会党の本家本元である公明党が詐術的・謀略手段を平気で用いる体質があることは、藤原弘達氏の著書『創価学会を斬る』をめぐる出版妨害事件や宮本顕治共産党議長宅盗聴事件などを丹念にフォローすれば明らかである。このことは多くのジャーナリストがすでに指摘しているので、私がここで繰り返す必要はあるまい。最近自民党は、本家本元の公明党に劣らず詐術的・謀略的手段を平気で弄するようになった。

その第一に挙げなければならないのは、小泉純一郎前総理・総裁の「自民党をぶっ潰す」発言である。これは二〇〇一年（平成一三年）四月の自民党総裁選で小泉氏が使った言葉である。この発言には一応、自民党が「私（小泉）の改革に反対するようならば」という前提条件が付いているのだが、それにしてもおかしい。その場合小泉氏がどうやって自民党をぶっ潰すのかということは一切明らかにされていない。要するにレトリックの問題でしかないのだ。そもそも自民党の政治家や党員が小泉氏のいう改革に殉ずるなどと信ずる方がお人好しである。

思い出してほしい。二〇〇一年（平成一三年）四月の総裁選は、支持率が一〇%を切った森喜朗首相の後継を選ぶ選挙であった。自民党の支持率もかなり落ちていた。そして東京都議会議員選挙と参議院選挙がその夏に予定されていた。都議会議員候補者からは悲鳴があがっていた。自民党全体も喘いでいた。中には自民党崩壊の危機感をもっていた者もいたであろう。

その党の最高責任者を選ぼうという選挙なのである。だから改革を訴えることは避けて通れなかったのだが、だからといって改革に反対するようだったら自民党をぶっ潰すという最高責任者を選ぶことなど、自民党の総裁選としてそもそもあり得ることではない。そして小泉氏やこれを支持した国会議員や党員は、自民党総裁に自民党をぶっ潰す権限があると本気で考えていたのだろうか。そもそも最初から論理の矛盾した、いかがわしいスローガンなのである。

党利党略・派利派略の政治家——小泉純一郎

立候補の直前まで、小泉氏は自民党を危機的な状況まで陥れた森首相を支えていた森派の会長だった。

半年前の二〇〇〇年（平成一二年）一一月にいわゆる「加藤の乱」があった。加藤の乱が起こったとき、国民は圧倒的に加藤氏を支持した。加藤氏は自民党を出るなどと一切いわなかったが、加藤氏が挫折せずにあのまま真っ直ぐに戦っていれば森内閣は間違いなく不信任となり、自民党と公明党は野党になっていたであろう。

小泉氏はそのような政局の中にあって、野中幹事長や公明党と共に加藤の乱を鎮圧する先頭に立ったのである。野中氏は小渕派の代表として幹事長に座っていた。公明党は小渕首相のときに政権に参加して、まだ一年ちょっとしか経っていなかった。せっかく手に入れた政権を離してなるものかと必死であった。

そもそも森内閣は、小渕首相の急逝をうけて緊急避難的に小渕派や公明党が中心になって作った内閣であった。本来ならば小泉氏がもっとも敵対していた党内勢力が作った内閣であったが、森氏が首相となったために派閥的な理由で小泉氏はこれを支持したのである。小泉氏は俗にいわれているような理念型の政治家ではなく、きわめて俗物的な派閥型政治家なのである。

この点について、小泉氏と大学時代の同級生であり、政治家としても同じグループで行動してきた栗本慎一郎元代議士は、小泉純一郎という政治家はもっとも悪しき意味における派閥政治家であると証言している。私自身も栗本氏からこのことを何度も聴いた。

自民党を改革するといった小泉氏の決意が本物だったとするならば、総裁選に立候補するにあたり率先垂範して森派を解散するくらいしてこそ、自民党改革の決意が本物だということになる。森派の会長なのであるから、小泉氏の決意ひとつでこのことは実行できたはずである。それとも派閥の解消は小泉氏のいう自民党改革の中にはいってなかったのだろうか？　もしそうだったとしたら、閣僚人事で派閥とは一切交渉しないというのは一体何なのだといいたい。

後は野となれ山となれ的な発言

このように小泉氏が改革と称していったことは、論理矛盾もいいところだし、滅茶苦茶なものだった。当時自民党は本当にギリギリのところまで追い詰められていた。また小泉氏にとっては三回目の総裁選の立候補であり、本人は最後の戦いと思い詰めていたのだろう。この総裁選挙からそんなに日を置かずして首相となった小泉氏に私は会ったが、まさかあんな大差で当選するとはまったく考えていなかったと本気でいっていた。これは多分本音であろう。

以上を総合すると自民党にとっても小泉氏にとってもギリギリまで追い詰められた状況の中で、口から出まかせ・後は野となれ山となれ的に発言したのが、「自民党をぶっ潰す」発言だったのだ。「八月一五日にいかなる困難があっても靖国神社に参拝する」と発言したのも、遺族会の票目当ての破れかぶれ的な発言なのである。もっとも有力な候補であった橋本龍太郎元首相は遺族会の会長であった。

そして、五年半の小泉首相の在任の間にどういう結果となったかをみれば、小泉氏の発言が如何なるものだったか理解できよう。まず総裁になったすぐ後に行われた参議院選挙では、小泉フィーバーで自民党は圧勝した。また自民党内の他の派閥は派閥の体をなさないくらいに解体されたのに比べ、森派だけは肥大化し自民党最大の派閥となった。

それでは、自民党は改革されたのだろうか。確かに馬鹿のひとつ覚えのように改革を口にする自民党や公明党の国会議員が増えたことは事実である。しかし、自民党や公明党が改革されたなどと思っている国民はほとんどいないであろう。政治は結果責任といわれるではないか。政治家の狙いや本音は、結果をみることによって明らかになる。

詐取した三分の二の議席

小泉自民党は二〇〇一年（平成一三年）の参議院選挙と二〇〇五年（平成一七年）の郵政解散選挙以外は、実は選挙に勝っていないのである。二〇〇四年（平成一六年）の参議院選挙では、民主党五〇議席に対して自民党は四九議席だった。二〇〇三年（平成一五年）の衆議院総選挙では比例区では民主党に第一党の地位を許してしまったのである。どちらも政治的には明らかな敗北である。

しかし、小泉氏というと選挙に強かったという印象が残っているのはどうしてであろうか。それは二〇〇一年（平成一三年）の小泉フィーバーで勝った参議院選挙と小泉劇場を演出して雪崩現象を起こして勝った二〇〇五年（平成一七年）の総選挙の印象があまりにも強烈だったからであろう。

それでは、郵政解散の最大の問題点は何処にあるのだろうか。私は郵政政策に長く携わり望んで郵政政務次官などを務めた関係で、小泉首相がいうところの郵政民営化はまやかしであり間違っていると断言できる。郵政問題の本質は郵便を含めて通信の秘密をどう守るかという根源的な基本的人権の問題なのである。だが、今回はそのことは触れないことにする。

小泉氏は郵政民営化の是非を国民に問うことで、民営化法案に賛成した衆議院を解散した。ある種の国民投票をやろうとしたのである。しかし、わが国の統治システムには国民投票という制度はない。そのような制度がないのに国民投票的手段を用いたのだ。

一見民主的に見えるが、郵政民営化賛成ということで投票し、その候補が当選すれば他の問題についても条件を付けず委任を受けたことになるのである。そして現に教育基本法やら防衛省設置法などの重要法案を次から次へと成立させたではないか。

騙した小泉首相が悪いのか、騙された国民がお人好しというべきなのか、ほとんどすべての人が参加した小泉劇場なので、あえて断定は避けよう。しかし、一見民主的なように見える国民投票というイメージで議席を詐取した手法は、強く非難されなければならない。こういうことが許されれば、エビで鯛を釣ることがいつもできることとなる。

創価学会党の面目躍如たる郵政造反議員の復党

「新聞なき政府と、政府なき新聞のどちらを選ぶと問われたら、私は躊躇せず後者だ」

といったのは、アメリカ合衆国第三代大統領トーマス・ジェファーソン（Thomas Jefferson 1743～1826）である。ジェファーソンの時代には、ラジオもテレビもなかった。だからマスコミといえば新聞だけだった。マスコミの監視や批判に晒されない政府は、必ず悪政や暴政を行う政府になるという戒めだ。

現在のわが国のマスコミは、批判をしないばかりではなく自公〝合体〟政権と合体しはじめたようである。こうなったらもう悪政や暴政が行われるのは自然の流れというものである。詐術的手段で衆議院の三分の二を超える議席を詐取した自公〝合体〟政権は、この夏に行われる参議院選挙で仮に負けても、憲法五九条の三分の二条項を使って悪政を強行しようとしている。

郵政造反議員の復党は、このことを念頭において行ったものとみるべきである。郵政民営化賛成で当選した者も、郵政民営化に反対で当選した者も、両方とも自分の物としてしまおうという呆れた根性である。こうなると詐術的というより、政治的謀略といった方がいいだろう。詐術的・謀略的手段を平気で用いる創価学会党の面目躍如ではないか。

「立派な」謀略国家となる危険性

創価学会や公明党には詐術的・謀略的行為を実行する特別の組織があるといわれている。私はその関係者にあったこともある。また創価学会が莫大な資金量や新聞の印刷などでマスコミを懐柔していることは広く知られている。

自民党の場合、私はその中枢にいたことがあるので良く知っているが、近年では党内にはそのような特別な組織はなかった。多分いまもないであろう。独立した個人が基本の自民党では、そのようなことを実行する組織を作ることは、本質的に困難なのである。

しかし、自民党が電通や一部の右翼的マスコミを使って世論操作やマスコミ介入を行うことは十分可能である。自民党の広告宣伝費それ自体はそんなに大したものではないが、政府広報などを含めれば電通にかなり払うことは可能である。タウンミーティングなど問題となった政府の広報関係で名前が取り沙汰されたのは、ほとんど電通であった。

また政府には警察や検察や国税がある。自民党はこれらにも大きな影響力をもっている。これらが政治的意図をもって動けば、謀略に正義の装いをこらして行うことも可能となる。国策捜査などという言葉が最近使われるようになった。そのように感じられる胡散臭い事件も最近よくあるような気がする。こうなったらわが国はもう「立派な」謀略国家である。

私たちは、心して監視しなければならない。

6 詐術的・謀略的手段を平気で用いる自民党――その2

詐欺師を見抜く方法

私がまだ二〇代のころ、司法試験に合格し法曹を目指して検察庁で司法修習をしていたとき、ベテランの検察官からこんなことを言われた。

「詐欺事件を捜査するとき、被疑者が嘘をいって人を騙したことを見抜くのはなかなか難しい。だいいち単純な嘘ならば、人は簡単に騙されないからである。これは嘘だろうといっても被疑者は素直には認めない。

だから、詐欺事件を捜査するときは、まず被疑者にできるだけいいたいことを言わせるのだ。それを丹念に記録しておくと被疑者のいうことに食違いや矛盾が必ず出てくる。それを押さえて被疑者を追及して詐欺を立証していくのだ」

いうならば詐欺師の見分け方である。私は三〇歳のときから政治の世界で生きてきた。政治の世界を生きていく上でも、選挙を戦う上でも、嘘を見抜く力がないと手痛い打撃や損失をすることが多い。政治の世界には、嘘を平気で使う者が結構いるのだ。厄介なのは、それが政治的な手練手管だと思っている確信犯もいるし、そう考えるからだろうか、政治家の嘘について寛容な傾向がない訳ではない。

しかし、民主主義国における政治は、言論で行うひとつの戦いである。戦いだから詐欺も許されるとするならば話は別だが、詐欺罪のように法律で罰せられる訳ではなくとも、現代においては一般社会と同じように詐術を用いることは許されないとされている。少なくともフェアとはみなされないし、尊敬もされない。

創価学会・公明党を激しく非難した自民党

前項では、小泉純一郎前首相・自民党総裁の詐術を論述した。しかし、これは小泉氏の詐術というより自民党の詐術的体質といってよいと私は思う。

現在の内閣を私は自公〝合体〟政権と呼んでいるが、公明党や公明党の政権参加を自民党や自民党幹部がどういってきたか、ここで改めて振り返ってみる。

「今日の政治、ご覧の通り権力の中枢に、宗教団体と極めて密接な関係をもつ政党がこの中枢に座り、政治上の権力の行使と言われかねないような状況、あるいは国から特権を受けているのではないかと言われかねないような状況が、我々の目の前にあるわけでございます」

これは一九九四年（平成六年）六月二三日、亀井静香氏が中心になって宗教団体などに働きかけて俗に〝四月会〟といわれた団体の創立総会において、自民党総裁であった河野洋平氏が行った挨拶である。羽田政権の末期であった。河野氏が〝宗教団体と極めて密接な関係をもつ政党〟といった政党が公明党であることは明らかである。

「いま、わが国の政治にとって最も憂うべきは、宗教団体・創価学会が新進党という政党の皮をかぶって国民を欺き、政治の権力を握ろうと画策していることである」

「これと戦うのが今度の総選挙である」

これは一九九六年（平成八年）一月一八日に開かれた自民党大会において採択された運動方針にハッキリと書かれている文章である。この運動方針に基づいて自民党も各選挙区の自民党候補者も「新進党は、創価学会党である」という大キャンペーンを行った。それは、一九九六年（平成八年）一〇月に行われた総選挙で自民党が新進党に大差をつけて勝利した大きな原因となった。

保守の生き方にも悖る連立

この総選挙において、私は自民党の総務局長というポストにいた。三〇〇の小選挙区のすべてを掌握しておかなければならなかった。だから、この選挙において自民党の各候補者がどのような主張をし、どのような団体から支援を受けたか、つぶさに知っている。

自民党が自由主義政党として満足な点数をもらえるなどと自惚れてはいなかったが、自民党が保守政党であることを否定する者は党内にいなかった。保守とは、人間関係や恩義を大切にする政治的ビヘイビアだと私は思っている。先に紹介したような主張をし、これを信じる宗教団体等の支援を受けながら、これを反故にするとはよもやあるまいと私は信じていた。

　この総選挙を境に自民党は党勢を取り戻した。しかし、一九九八年（平成一〇年）七月の参議院選挙で予期せぬ敗北を喫すると、自民党は公明党との連立を志向するようになった。その先頭に立ったのが小渕恵三首相であった。公明党との連立は、その秋に行われた総裁選挙でも争点になった。その総裁選に立候補した加藤紘一氏も山崎拓氏も公明党との連立には否定的であった。だが自民党は小渕氏を再選した。そして同年一〇月五日、自由党も一緒だったが、自民党は正式に公明党と連立を組んだ。

　これは郵政民営化賛成ということで八〇数名の小泉チルドレンと呼ばれる議員を当選させておきながら、少し日時をおいて郵政民営化反対を標榜して当選した議員を復党させた安倍首相の手法とまったく二重写しではないか。

　私は自由主義者であると同時に保守主義者であることに誇りを持っていた。それはまた、自民党の国会議員として長年にわたり洗礼を受けてきた者の義務でもあると思っていた。そのような私にとって、公明党との連立は信じられないと同時に耐え難いことであった。それ故に、私は二〇〇一年（平成一三年）二月、自民党を離党した。

新手の詐術を使う安倍首相

　公明党との連立について詳述したのは、自民党そしてわが国の政権の基本に関することだからである。このような基本的なことですら、自民党のいったことはまったく当てにならないのである。いった舌の根も乾かぬうちに平気でいったことを反故にするのである。

ということは、自民党のいうことなど最初から信じない方がいいことになる。いや、信じる方が馬鹿だといわれても仕方がないのかもしれない。しかし、それではあまりにも情けないではないか。

何よりも危険である。国民の多くは、自民党がこのような詐術を平気で用いる党とは認識していないからである。こんなことを放置していたのでは、国民が被害を受けると同時にわが国の利益が損なわれるからである。自民党は巧妙な詐術を使うが、それを見抜き嘘であることを喧伝することは必要である。気狂に刃物というが、政権党の嘘も危険極まりない。

小泉前首相は、ワンフレーズ政治家といわれた。小泉純一郎という政治家を良く知っている私にいわせれば、小泉氏にはこれといった思想や哲学などなく、寂しいかなワンフレーズで表わせる程度の考えしかないのである。ワンフレーズを何らの体系も脈絡もなく、その都度思い付きで繋いで五年半もの間わが国の政治を行ってきただけなのだ。それにしても、国民はよくもまあ騙されたものだ！

小泉氏の後を継いだ安倍首相は、そのワンフレーズすらいわないというのだ。靖国参拝問題についての安倍氏の答弁である。村山談話や河野談話を引き継ぐといいながら、これを否定するようなことを平気でいう。言っていること自体が、矛盾しているのである。松岡農林水産大臣の光熱水費問題に関する答弁など、いっている意味が日本語としても理解できない。これは自民党の新手の手法なのかもしれない。安倍首相のこうした言動をみていると、もう言葉は何の意味もないように思われるのである。民主政治は言論をもって行うものだが、自民党はそのこと自体を否定しようとしているのかも知れない。言論による闘いを放棄した者は、それでは一体何を武器にして闘いを行おうとしているのか。そのときに使われるのが、謀略である。

謀略としての国策捜査の懼れ

その傾向を窺わせる兆候は、小泉内閣のときから既にあった。加藤紘一元幹事長の秘書の脱税問題である。加藤氏は責任をとって議員辞職した。橋本派の歯科医師政治連盟からの闇献金捜査起訴もそうである。橋本派はズタズタにされて党内の地位を大きく落とした。さらに鈴木宗男氏の逮捕起訴である。小泉氏に対抗する政治勢力がこれらを機に凋落していったことだけは確かである。

自民党の前身となった党に、〝院外団〟と呼ばれる一種独特の組織があったという。詳しくは知らないが、右翼や壮士団的な存在で、謀略的なことも行ったという。現在の自民党にこの団体が担ってきた役割を実行する部隊は、私が知る限り公然と存在しないことだけは確かである。

自民党は政権党である。内閣は警察・検察・公安調査局や国税当局や公正取引委員会に大きな権限や影響力をもっている。そうした機関内部に、内閣や自民党に迎合しようという輩がいることは否定できない。内閣や自民党がそうした勢力と意を通じれば、党内の政敵や反対党を正義の名において追い落とすことができる。誰が初めて使ったのか知らないが、〝国策捜査〟などということが人口に膾炙されるようになった。少なくとも小泉内閣の前にはなかった言葉であった。その虞なしとしない。要注意である。

税金を使っての世論操縦

小泉内閣のタウンミーティングや最高裁判所の裁判員制度の広報で、広告会社による予算を使ったヤラセがあった。タウンミーティングなどは、一見民主的に受取られる手法である。そこに広告会社という世論形成のプロが税金を使って細工をする。少なくともかつての自民党が使わなかった手法である。悪質な世論操縦は、民主社会においては謀略である。

私は自治大臣のとき、地方分権や地方自治体の行政改革を推進するために、それまで自治省としてはやったことがなかった地方におけるセミナーを積極的に行った。各ブロック毎に行った。自治省の官僚は自信がなかったようであるが、私には成功させる自信があった。実際にやってみるとおおぜいの参加者がいた。

仮にそのように盛況にならなかったとしても、私はセミナーをやるつもりだった。少なくとも税金を使って盛況を装おうなどという発想もなかったし、その必要性も感じなかった。

体裁をことさらに装おうというのは、詐欺師が使う手法である。体裁を装うためにお金がかかるとしても、詐欺師にとってはそれは〝必要経費〟なのかもしれない。だが政権を維持したり選挙で票を得るための体裁を装うのに税金を使うことは、卑劣であるばかりでなく背任的な行為である。

創価学会や公明党は、膨大な出版物や広報を使ってマイナスイメージを払拭しようと長年努力してきた。懸命な世論操縦であろう。自民党は、これを見習っているのだろうか。しかし、税金を使ってそれを行うことは、創価学会や公明党の世論操縦よりもはるかに悪質である。どうしてもやりたいのであれば、身銭を切ってやれといいたい。

詐術と謀略は、表裏一体

詐術的・謀略的手段を平気で用いる自民党の手法を論証することが本稿の目的であった。詐術は、外部に表白される言語があるから立証することは容易である。マスコミの使命というのは、国民を権力者の詐術から守ることにあるといっても過言でないであろう。少なくとも先進国では、マスコミはその役割を果たしてきた。わが国でも、マスコミはそれなりの役割を果たしてきたと思うが、最近のマスコミはわが国のこの伝統に照らしても少しおかしい。国民は、マスコミにも注意を向け、監視しなければならない。

創価学会・公明党が、その機関紙の印刷や広告費をエサにマスコミを懐柔してきたことは広く知られている。現在公明党は、政権党である。マスコミは、かつてと同じような気持ちでこの懐柔を受け容れる危険性を自覚しなければならない。権力は、批判されなければならないのである。批判に晒されない権力は、腐敗し危険なものとなるからである。

しかし、謀略的手法を論証することは、その性質上きわめて難しい。他国の例をみれば、内部告発か優れたジャーナリズムに頼るしかない。そのいずれもわが国において期待することは、現状では難しい。だが一般論として、詐術を平気で用いる者は、謀略も平気で行うと考えてもいいだろう。

かつての自民党にはどこか大らかさがあった。嘘にも愛嬌があった。しかし、現在の自民党が用いる詐術を甘く見てはならない。彼らは確信犯として詐術を用いているのである。この数年の詐術で得た甘い汁の味を知ってしまったのである。今後も詐術をどんどん用いるであろう。そしてそれは謀略的手法を合わせて用いる可能性が大きいことを指摘しておく。どちらも目的のために手段を選ばないという点においては同じだからである。

7　理想や理念を求めようとしない俗物的体質

創価学会の第四の問題点

創価学会ウォッチャーたちが、創価学会の第四の問題点として挙げたのは次のようなことであった。

「言行不一致、品性欠如、近視眼的思考、現世至上主義、金権、数の論理、公明党票を使っての政治支配」

このような特質は、どのような集団にも大なり小なりあることである。しかし、宗教団体としては全面的に否定できないとしても理念としては許されることではなく、問題点とされても仕方ないだろう。宗教というものは、人間の人知を超えるもので人間を救済しようとする営為だからである。

一方、近代自由主義は、人間がお互いに証明することができる言葉や事実を使いながらこの世の中に生起する諸問題を解決しようとする政治手法である。しかし、近代自由主義は、人間がそれだけでは必ずしも充足されることはなく、また社会運営も上手くいかないことを経験上知っている。だから、近代自由主義は、思想・良心・信教の自由をもっとも根源的な基本的人権として認め、その役割を宗教などに期待している。

近代自由主義の憲法である日本国憲法は、

「思想および良心の自由は、これを侵してはならない」

「信教の自由は、何人に対してもこれを保障する」

と規定（第一九、二〇条）し、この基本的人権は、

「人類の多年にわたる自由獲得の努力の成果であつて、これらの権利は、過去幾多の試錬に堪へ、現在および将来の国民に対し、侵すことのできない永久の権利として信託されたものである」（第九七条）

と宣言している。

宗教団体の「現世至上主義、金権、数の論理、票を使っての政治支配」は、宗教の根本的な役割を否定するものであり、宗教そのものの否定にもなりかねない。

人はパンのみにて生きるにあらず

一方、政党は、「人間がお互いに証明することができる言葉や事実を使いながらこの世の中に生起する諸問題を解決しようとする政治」の世界における存在である。従って、「現世至上主義、金権、数の論理、票を使っての政治支配」は、必ずしも否定できないし、品性を欠如することがなければ許される。これらは、いずれも言葉や数値を使って証明できることである。

自民党がまさにそういう特質をもった政党であることは、広く知られているところであり、私がここでくどくどと論証する必要はないだろう。しかし、仮にそのような特質をもった政党だとしても、許容される限度というものがある。それを超えた場合には、有権者は政党としてふさわしくないということで厳しい批判をする。自民党は、スキャンダルにより国民の厳しい批判を受けてきたが、一九九二年（平成四年）に発覚した金丸信自民党副総裁に対する金権批判により、野党に転落した。

政党は、現世利益至上主義で構わないし、数の論理を用いることも仕方ないし、政治資金を豊富にもつことも必ずしも否定されない。しかし、それにはその時代に許容される限度を守り、品性をもたなければならないということである。

私がここでいう〝品性〟には、理想とか理念ということも含まれる。なぜならば「人はパンのみにて生きるにあらず」だからである。現実は現実としても、国家や社会がどのような未来に向かわなければならないのかということである。一つひとつは小さくともそれが理想に向かっての一里塚であることを証明する努力を政党はしなければならない。それを実感できるとき、その国家や社会には理想や希望があることになる。しかし、ハッキリさせておかなければならないことは、その理想や理念は検証可能なものであることである。

改革の中身が問題

いきなり難しいことから書きはじめた。その理由は、ここで述べた創価学会の問題点と自民党の特質に共通するものとは何であるかを明らかにするためである。

創価学会の問題点は、宗教団体の本旨に悖るということである。最近の自民党には、政党としての本旨に悖ることが多々見受けられる。その共通したところは、それぞれが宗教団体や政党の理想や理念を放擲していることであり、自民党のこの問題点を「理想や理念を求めようとしない俗物的体質」と呼ぶこととする。

自民党などは、そもそも理想や理念をもたない俗物的な政党だという人は多いであろう。そんなことは、自民党の国会議員として二〇年近く過ごした者であるから嫌というほど知っている。しかし、俗物的な政党ということは、ある意味では検証可能であるということであり、必ずしも否定されることでない。

均衡ある国土の建設、格差の少ない安定した社会、福祉社会の建設、所得倍増論、専守防衛・平和国家の実現などなど。これらは、いずれも理想や理念として正しいし、いっている内容もだいたい分る。そして大切なことは、一定の数値や概念で検証可能である。

それに対して、小泉前首相が使った「構造改革」という言葉は、理想や理念を語っているようだが、果たして検証可能であろうか。どのような構造をどのように改革するのかが明らかにされなければ、いったい何のための改革か判らない。「聖域なき改革」といっても、いったい何を聖域というのか明らかにしなければ、実は何をいっているのか判らないのである。

小泉氏の最大の改革は、郵政民営化であった。その主張はきわめて具体的だが、なぜ郵政民営化が改革の本丸なのだろうか。

〝聖域〟である財務省を守るための改革

わが国の政治にとって、官僚政治を克服することは戦後のもっとも大きな課題である。官僚政治とは、わが国の政策のほとんどが官僚たちによって進められてきたことである。わが国に政策力をもつ政党や政治家が育っていない場合は、それも仕方がないことである。しかし、国民主権が憲法で明確に規定され、多くの政党が生まれて、曲がりなりにも政党政治の体をなしてからすでに半世紀余が過ぎた。

官僚の企画・立案する行政が、官僚のための行政となることは避けることのできない現象である。実際に行政を動かす官僚や官僚機構を国民の代表がコントロールすること、それができなくてもせめて官僚による官僚のための行政をチェックすることを、国民は求めている。細かい理屈は分らなくても、国民はその実態を知っているし、その改革を望んでいることは確かだ。

小泉氏が行政改革の本丸とした郵政民営化は、このような行政改革からみたら、国民の期待に沿うものだったのだろうか。小泉氏がタブーへの挑戦とした郵政民営化や道路特定財源の一般財源化は、以前から大蔵省（現財務省）が執拗に狙っていたことである。

政府系金融機関の一元化や郵貯・簡保の民営化は、金融機関の支配を望んでいる大蔵省にとって悲願であった。大蔵省の悲願ではあっても、国民の悲願ではなかった。道路公団の民営化や特別会計の整理・廃止は、わが国の行政をすべて掌握しようという大蔵省のあくなき権限増殖から出ているものである。

逆説的にいえば、官僚による官僚のための行政機構の頂点に君臨しているのが、大蔵省であったし名前は変わっても財務省である。このことは、単純な事実であるし、このことを否定する者はまずいないであろう。

そうだとしたら、行政改革を本気でやろうとした場合、財務省と対決し、財務省の不当な権限や振舞いを是正しなければならないのは理の当然のことである。しかし、肝心の小泉氏は典型的な大蔵族である。何らの哲学や理念もない小泉氏は大蔵省・財務省のいうことがこの世でいちばん正しいと思っている政治家なのである。小泉氏にとって財務省は〝聖域〟なのである。小泉氏のいう「聖域なき改革」は、彼にとっての〝聖域〟である財務省を守るための改革であったのだ。

真の理想や理念がなかった証左

改革という言葉を多用したからといって、理想や理念があるというものではない。あのヒットラーのナチスの正式名称は、国家社会主義ドイツ労働者党であった。ナチスが行ったことが社会主義や労働者党と無縁だったことを考えればこのことは明らかであろう。

小泉氏が掲げた「構造改革」や「聖域なき改革」は、理想や理念を追求しているようであるが、実は検証不可能な言葉を標榜しているに過ぎないのだ。検証不能な言葉の羅列こそ、近代自由主義がもっとも嫌うことである。小泉氏は改革政権を装っていたが、改革なるものの実態は明確ではなかったし、検証も批判もできないものだった。近代政党が避けなければならないことであると同時にその本旨に悖る行為なのである。

人間がお互いに証明することができる言葉や事実を使いながら具体的に改革をいうのでなければ、その改革は無意味であるだけでなく危険でもある。改革という言葉自体は誰も否定できないし、改革というスローガンは理想や理念をもっているように見えるからである。小泉氏がどのような国家や社会を実現しようとしたのかは、遂に明らかにされることなく、荒廃した現実だけを残して退場した。実現しようとする国家や社会の具体像を示すことできなかったということは、真の理想や理念がなかったという証左なのである。

「美しい国、日本」の実現？

小泉氏の事実上の後継指名を受けた安倍首相が掲げた政権のスローガンは、「美しき国づくり」である。〝美しい〟ということに誰も反対はしないが、何が美しいかということは政治的に検証不能か非常に困難な概念である。政党や政治家としては、このような検証不能で、多義的な言葉を用いることはできるだけ避けなければならないことなのである。

「私は、日本を、二一世紀の国際社会において新たな模範となる国にしたい、と考えます。

そのためには、終戦後の焼け跡から出発して、先輩方が築け上げてきた輝かしい戦後の日本の成功モデルに安住してはなりません。憲法を頂点とした、行政システム、教育、経済、雇用、国と地方の関係、外交・安全保障などの基本的な枠組みの多くが、二一世紀の時代の大きな変化についていけなくなっていることは、もはや明らかです。我々が直面している様々な変化は、私が生まれ育った時代、すなわち、テレビ、冷蔵庫、洗濯機が三種の神器としもてはやされていた時代にはおよそ想像もつかなかったものばかりです。

今こそ、これらの戦後レジームを、原点にさかのぼって大胆に見直し、新たな船出をすべきときが来ています。〝美しい国、日本〟の実現に向けて、次の五〇年、一〇〇年の時代の荒波に耐えうる新たな国家像を描いていくことこそが私の使命であります。(後略)」

ハッキリとした理想や理念がない自民党

これは安倍首相の最初の施政方針演説の一部である。「終戦後の焼け跡から出発して、先輩方が築け上げてきた輝かしい戦後の日本の成功モデル」の原動力となったのが、「憲法を頂点とした、行政システム、教育、経済、雇用、国と地方の関係、外交・安全保障などの基本的な枠組み」であったことは否定できない事実であろう。誰が安住しているというのだ。その事実を踏まえながら、常に改良工夫を加えながらわが国は発展してきたのだし、今後ともそうするしかない。

「これらの戦後レジームを、原点にさかのぼって大胆に見直し、新たな船出」をすることは結構だが、目的港が「二一世紀の国際社会において新たな模範となる国」とか「美しい国、日本」というのでは、いったい何をやりたいのかサッパリ判らない。安倍氏がやりたいことは、「憲法を頂点とした、行政システム、教育、経済、雇用、国と地方の関係、外交・安全保障などの基本的な枠組み」を取っ払うことなのではないか。戦後の六〇余年を取っ払い、戦前と連続性をもった〝美しい国〟を作ることが、安倍首相の理想なのだろう。

安倍首相の祖父である岸信介氏には、栄光の戦前があった。だから岸氏がそういうことを望むことは仕方がないとしても、その時代に生まれてもいなかった安倍氏がそのようなことを望むというのは、アナクロニズムを通り越している。家訓墨守の暗愚な亡霊を見ている気がするのは、私だけであろうか。

安倍氏は〝愛国心〟や〝自虐史観〟なるものを問題にしている。安倍氏には〝愛国心〟の強要により侵略戦争に参加させられ、数千万のアジア人を殺戮し、最後には自らの命も絶たざるを得なかった数百万の日本人の血の叫びに想いを馳せる素養がないのであろう。

歴史認識を欠いたリーダーは、危険である。同じように具体的で検証可能な目標を提示しないリーダーも危険である。そのようなリーダーを戴く政党には、ハッキリとした理想や理念がないといっても過言ではない。自民党は、いまやそのような政党なのである。

8　庇を借りて母屋を乗っ取る、寄生獣（パラサイト）的体質

日蓮正宗の信者の団体として出発した創価学会

創価学会の〝庇を借りて母屋を乗っ取る体質〟は、広く知られているところである。日蓮正宗の信者の講（信徒の団体）として出発した創価学会が、宗教法人としての資格をもつことは日蓮正宗の中でも最初から問題視されていた。しかし、いろいろと理屈をつけてこれを押し切って宗教法人としての資格をもつことを認めさせたのである。

創価学会は、最初のうちは日蓮正宗の信者団体であることを最大限に利用した。創価学会が強烈な折伏活動を展開しながらその教勢を拡大していたころは、他の新興宗教団体も熱心な活動をしていた時期でもあった。新興宗教団体にとって最大の弱点は、その正統性を明らかにすることであった。宗教とはそういうものである。

そんな中で創価学会は、「私たちの創価学会は、その辺の新興宗教団体とは訳が違うのだ。七〇〇年の伝統をもつ日蓮正宗の教えを現代に生かすものなのだ」といって信者を獲得していった。日蓮正宗の総本山である大石寺参拝を大々的に行なった。私自身、学生時代にこのような執拗な〝折伏〟を受けたのである。

創価学会と日蓮正宗の確執や紛争は、本稿の目的ではない。創価学会と日蓮正宗は、いまや完全に断絶している。私が問題にしているのは、日蓮正宗という宗教団体との関係を抜きにして今日の創価学会は決して存在し得なかったということである。庇を借りて母屋を乗っ取るという体質を見事に具現していることである。現代風にいえば、〝寄生獣（パラサイト）的体質〟ということになるのであろう。

責任の所在が不明確な自公〝合体〟政権

私はこれまでに四つの創価学会の特質を挙げながら、自民党もそうした体質をもった政党となったこと（すなわち創価学会党化したこと）を論証してきた。このことは、よく考えてみると当然の帰結なのかもしれない。創価学会に寄生された自民党が、創価学会党化していくことは必然なのかもしれない（自民党にはその意識はないかもしれないが……）。創価学会ウォッチャーたちがいうように、創価学会は強烈な〝生命力〟をもった寄生獣（パラサイト）なのである。

それでは、本論に入ろう。自民党の〝寄生獣（パラサイト）的体質〟は、どのようなところにみることができるのだろうか。

自民党は一九五五年（昭和三〇年）の保守合同以来、細川・羽田非自民連立政権の時期を除き一貫して政権党であった。ひとつの政党が長期間にわたり政権を掌握した場合、権力の私物化はどうしても起こるし、腐敗することは古今東西の歴史が教えるところである。これまでの自民党も決してその例外ではなかった。

しかし、自民党が公明党と連立を組んでからの問題点は、長期政権一般にみられる私物化や腐敗体質とはちょっと違ったものがあるような気がしてならないのである。自公〝合体〟政権の際立った特徴は、無責任体質である。これまでの自民党は、良くても悪くても政権運営の責任を自ら負ってきた。売上税や消費税の導入に際して、自民党が払った犠牲は大きなものであった。

イラクへの自衛隊派遣は大きな問題になると私は思っていたが、意外にすんなり決まった。これは平和と福祉を〝看板〟としてきた公明党が、イラクへの自衛隊派遣に賛成したことが大きかったと思う。イラクへの派兵は、いまやアメリカでもイギリスでも大問題になっているが、わが国ではイラクへの自衛隊派遣の是非や責任が真剣に議論さえされていない。責任の所在がハッキリしていないからではないだろうか。

外交でさえ、私物化の対象

権力行使の責任が不明確になると、いちばん喜ぶのは権力を掌握しているものである。わが国で権力を掌握し、これを私物化しているのは自民党や公明党だけではない。国家や地方自治体に奉仕すべき官僚（役人）もまた、権力を私物化している存在であることはいまや国民の共通の認識である。わが国は、"官僚（役人）の官僚（役人）による官僚（役人）のための国家〟であるとさえ思っている人も多い。わが国が世界に冠たる官僚国家であることだけは確かである。

行政を実際に行うのは官僚（役人）であるのは仕方がないことである。それをコントロールするのが形式的にそのトップに立つ政治家や政党の役割である。政治家や政党は、国民の立場から官僚（役人）の権力の私物化を阻止しなければならない任務があるのであるが、権力行使の責任を不明確にしている自公〝合体〟政権の下ではそれは期待できない。

わが国では、自民党も公明党も官僚（役人）も競い合って権力の私物化をしている。その端的な例を、温家宝中国首相と池田大作創価学会名誉会長との会談に私はそのことをみた。

外交においては、双方が国家と国家の利益を最大限に重視して行われる。一挙手一投足、一言半句にさえ最大限の注意をもって行なわれる。

中国側がいかなる目的をもって温首相と池田創価学会名誉会長との会談をセットしたかは定かではない。しかし、創価学会にとって温首相と池田氏の会談はきわめて大きな利益があったことだけは確かである。翌日の『聖教新聞』での扱いをみれば、そのことは疑いを容れることがないほど明らかである。

自民党は池田氏と創価学会のわが国の利益を無視した〝我儘〟を許しただけでなく、これに協力したのである。かつての自民党ならば、このようなことは決して許されなかったであろう。

売国的行為と厳しく非難されたであろう。国家利益がもっとも重視されなければならない外交でさえ、自公〝合体〟政権を構成する面々にとっては私物化の対象となっているのである。

即物的俗事としての権力行使

国家権力であろうが、地方自治体の権力であろうが、その権威は国民（住民）に由来し、権力の行使の目的は、国民（住民）の利益を図ることにある。青臭いといわれようが、この基本を離れたら近代民主主義国家はありえない。近代民主主義国家の役割は、国家や社会の構成員が負担すべきコストを決定すると共に利益の配分を行うことである。きわめて俗物的といえば即物的といっていいほど俗物的な仕事である。権力の腐敗というのは、このような即物的俗事を行うにあたっての〝余禄〟という側面もある。わが国では賄賂のことを、かつては〝まいない〟といった。広辞苑によれば、「礼として物をおくること。また、その物。贈物」とあるが、〝余禄〟という雰囲気のある言葉ではないか。

かつては権力を行使する者の〝余禄〟として許容されていたことが段々と厳しくなってきて、流職（職務を汚す）ということで犯罪として罰せられるようになった。これは権力の私物化であることに間違いないことだが、俗物的な人間がその誘惑の罠に陥ることはあり得ることである。古今東西の長期政権に腐敗や権力の私物化があるのは、そうした理由からであろう。人間の悲しい性といっても良いのかもしれない。こうした悪弊を私は寄生獣（パラサイト）などと大袈裟にいうつもりはない。

SFによれば、寄生獣（パラサイト）は鼻や耳など頭部の孔からの他、皮膚を食い破って体内に侵入し、その人間の脳を目指して進んで行くのだという。そして宿主たる人間を完全に支配してしまうのである。

基本的人権の尊重という価値観を食いちぎる自民党

最近の自民党は、わが国の頭脳にあたる部分というか、国家の頭脳的機能を私物化しようとしている。例えば、愛国心である。

近代自由主義国家は、基本的に無価値国家である。国家が特定の価値観を国民に強制することはない。国民がどのように国家を愛するかということは大きな問題であるが、国家の方から特定の価値観を国民に強制することはない。

自民党や公明党が特定の価値観をもつことは否定されないが、その価値観を国民に強制することは自由主義国家であるわが国では許されない。しかし、安倍首相の登場以来、自民党は盛んに自民党的価値観を国民に押し付けようとしている。自民党は、自民党的な価値観を国家の価値観（頭脳）としたいようである。

戦前の日本は、特定の価値観をもった国家であった。その価値観に反する思想は認められなかったために、最後は批判精神を失い、極端な軍国主義国家となってしまった。かつての共産主義国家も国家それ自体にひとつの価値を認め、それ以外の思想を認めないために現実に対する対応能力を失ってしまった。

わが国の唯一の価値観は、基本的人権の尊重ということであろう。

「この憲法が日本国民に保障する基本的人権は、人類の多年にわたる自由獲得の努力の成果であつて、これらの権利は、過去幾多の試練に堪へ、現在及び将来の国民に対し、侵すことのできない永久の権利として信託されたものである」（憲法九七条）

基本的人権をシッカリと保障し、国民の自由闊達な活動を確保しておけば、わが国には必ず調和ある秩序が生まれるという思想・価値観である。自民党や公明党は、このことが理解できないようである。自由闊達に行動する国民を統制する頭脳と命令系統を作りたくてしょうがないのではないだろうか。

安倍晋三氏が総裁になってからの自民党は、基本的人権の尊重という価値観（頭脳）をもつわが国の頭脳を食いちぎり、アナクロニズムに満ちた脳細胞に置き換えようとしている寄生獣（パラサイト）といってよいのではないだろうか。

自由を食いちぎる寄生獣（パラサイト）

現在の自民党のアナクロニズムに満ちた考えとは、具体的にはどのようなものであろうか。

それは、反自由主義的ということである。私は日本国憲法の最大の原則は基本的人権の尊重であると考えている。自民党が憲法改正で一番やりたいのは九条の改正であるといわれているが、果たしてそうであろうか。

国民の七〜八割が自衛隊を憲法に違反するものではないといっている以上、自民党的には憲法九条は解決済みの問題なのである。逆にいうと、明らかに現状と矛盾している憲法の条文を現状に合うものにしようというのは、憲法改正の理由となっているし、その梃子でさえあるのだ。自民党の憲法改正論者にとって、もっとも我慢ならないのは自由ということで好き勝手なことをいい、自由闊達に行動する国民なのである。これは自民党の中で長い間憲法改正論者と対峙してきた私が確信をもっていえることである。

自由主義の政治思想は、いわゆる無政府主義とは完全に異なるものである。自由主義の政治思想は、最高の秩序は国民を信頼し国民の自由闊達な行動を保障することにより、試行錯誤や紆余曲折はあっても自然調和的に必ず形成されるという信念と執念に基づく政治手法なのである。

自由主義をよく解さないものには、試行錯誤や紆余曲折というところがどうしても理解できないのである。試行錯誤や紆余曲折をなくするために自由を安易に制限したのでは、自由主義は自由主義でなくなり、妙味も失うのである。自由主義者には、忍耐と寛容が求められるのである。似非自由主義者には、この忍耐と寛容の精神が欠如しているのである。

官僚は、本質的に非自由主義的である。彼らは、秩序を作るために汗を流すのが己の使命と考えている。官僚にとっては、秩序とは作るものなのである。しかし、自由主義者にとっては秩序は自然と作られるものなのである。この違いは、決定的な差違なのである。

池田大作創価学会名誉会長は、かつて全体主義がいちばん良いのだといったことがあるという。どういう文脈でいったものか私は知らないが、批判者を抹殺する体質をみていると池田氏が自由主義を解しているとはとうてい思われない。

自公〝合体〟政権を構成する面々は、いずれも反自由主義的である。自公〝合体〟政権が国においても地方自治体においても定着した現状では、わが国はもうこうした面々に相当程度に侵食されているのかもしれない。彼らは、恐れなければならない寄生獣（パラサイト）なのである。

9　おわりに

私が自民党を離党した理由

『ＦＯＲＵＭ21』責任者の乙骨氏と六年ぶりの再会と同氏の私に対する要らぬ持ち上げから九回連続して本誌に執筆することとなった。隔週号に連載物を書くことは、かなり〝しんどい〟仕事であった。しかし、諸般の情勢が厳しい中、『ＦＯＲＵＭ21』を五年間も発行している乙骨氏の苦労に思いを馳せ、なんとか終章を書くところまでこれた。私の拙い原稿を掲載してくださった同氏とこれを読んで下さった多くの読者にまず謝意を申したい。

創価学会の問題点を扱った論述は、数多くある。今後もいっぱい出るであろう。そうした中で私が書くテーマは、少し違ったものでなければならないと最初から考えていた。私は公明党と連立を組んだことにより自民党がどう変わったかということを明らかにするところに私の役割と使命があると思った。これは自民党の中にいて、自民党の改革に長い間情熱を傾けてきた私でなければ書けないことだと思ったからである。

また私が自民党を離れたのは、自民党が公明党と連立を組むことに反対だったからである。私は非力のために自民党と公明党との連立を阻止することができなかった。公明党との連立に反対しながら、公明党と現に連立を組んでしまった自民党に、そのまま籍をおくことは私の潔しとするところではなかった。私は二〇〇一年（平成一三年）二月、自民党を離党した。

私が自民党と公明党の連立に反対したのは、憲法論と信義則に悖るということからであった。どちらも理念であり理屈の問題である。理念や理屈に反することは、どこかに必ず無理が出てくる。それは時間の経過によって明らかになってくる。二〇〇一年（平成一三年）の新党・自由と希望を立ち上げての参議院選挙への挑戦は、まさにそうした戦いであった。

自公〝合体〟政権の自民党は、本質において邪である

その参議院選挙に敗れてからの私の政治行動は、公明党と連立を組んだ自民党そのものがターゲットであった。自公〝合体〟政権は、小泉純一郎という稀代の詐術師をトップに据えて全盛を誇った。私の仕事は、その詐術を見抜き、これを指摘することに重点を移さざるを得なかった。小泉純一郎という政治家を間近でみてきた者でなければ、その詐術を見抜くことは難しかった。優れた政治評論家と思っていた人たちでさえ、小泉氏の詐術に引っかかり、自民党や小泉内閣を支持する者が続出した。

詐欺師は、その時々にはある程度まともなことをいうものである。そうでなければ多くの人が騙されないからである。しかし、詐欺師の本質は、人を騙して邪な利益を得るというところにある。邪な利益を得ようという公明党と連立を組んだ自民党は、その本質において邪である。

嘘や間違ったことを平気でいう。またそういうことを実際に行った。

そうすると全体としては、無理があっちこっちに出てくる。無理を誤魔化すために自らを変身させざるを得なくなってくる。そして自民党は変質してしまった。どのように変わったのかを論証することがこの連載の目的であった。

自民党の変質は、公明党の本家である創価学会が抱えている問題点や特質を具現化していくというものであった。創価学会や公明党からみたらそれは好ましいことであろうが、国民や伝統的な自民党支持者からみたら決して好ましいものではないし、その利益を明らかに損なうものである。

創価学会党化した自民党の五つの特質

一、排他独善、高じて批判者を抹殺する体質
二、反自由的で非民主的な体質
三、詐術的・謀略的手段を平気で用いる体質
四、理想や理念を求めようとしない俗物的体質
五、寄生獣（パラサイト）的体質

いうまでもなく、このような体質・特質は、創価学会の問題点として多くの識者が指摘するものである。自民党はこのような体質をもった政党に変質した。見事に創価学会党化したので

ある。

この中には公明党との連立以前にはなかった体質もあるし、そのような傾向がなかった訳ではないが公明党との連立により、傾向というよりハッキリとした自民党の体質・特質となったものもある。前記二および四の体質などは明らかに後者である。

前記一、三、五の体質などは、前者である。すなわち公明党との連立以前にはほとんど自民党には見られなかった体質である。だから公明党と連立以前の自民党は、公明党のそういうところを捉えて批判したり非難していた。しかし、自らもそのような体質をそなえるようになった自民党が創価学会や公明党を批判することはないだろうし、その資格もなくなった。また批判などすれば自民党は自らの意思でそのような者を抹殺する。

創価学会には批判者を抹殺するいかがわしい実行部隊があるといわれているが、自民党の場合は権力という大きな力をもっている。権力という大きな力を背景に阿吽の呼吸で批判者を抹殺することはできるし、最後は警察や検察を使い正義の名において批判者を抹殺することもできる。権力の内部には、時の権力者に無条件で迎合する者も多い。だから正義の名においてそのような挙にでることは十分に可能なのである。

公明党は〝下駄の石〟

創価学会党化した自民党を、以前の自民党と同じと考えることはできない。〝古き良き〟自民党は、もう死滅してしまったのである。

「最近、永田町の政治記者の間では、公明党・創価学会のことを〝下駄の雪〟とは言わなくなりました。雪だと暖かくなれば溶けて下駄から離れますが、公明党・創価学会は何があろうと絶対に自民党から離れない。ですから最近は〝下駄の石〟と言われています。下駄に挟まった石は取り外すことができない。公明党・創価学会はすでに自民党と一体化しており、離れることはないという意味です。もう〝自公連立〟ではなく〝自公党〟という一つの政党になっています。ただ、やがて〝石〟のほうが主人公になるでしょう。公明党・創価学会が自民党の上に立つ時期はもうすぐです。自民党は落ち目です。これを助けているのが公明党・創価学会です。とくに創価学会の選挙パワーが自民党を支えています」

これは政治評論家の森田実氏が紹介している政治記者の話である。きわめて正鵠を得た話だと私は思う。

野党が戦わなければならない現在の政権を構成する自民党はこのように変わったのである。戦いを行う場合、敵を見誤ることは敗北に通じる危険なことである。異質のものをもった連立政権は、脆弱である。責める方が、連立を組む政党の齟齬を衝くことは古今東西の常套手段である。この攻撃は連立政権にかなり有効な攻撃ができる。連立政権のいちばんの弱点はここにあるからである。

しかし、連立とはいってもかなり同質な政党同士が連立を組んでいる場合、そのような攻撃はやりにくい。創価学会党化した自民党と創価学会党の本家本元の公明党との結びつきは、当然のこととしてかなりきついものがある。だから私は現在の政権を自公〝合体〟政権と呼んでいるのだ。

「選挙宗教団体・創価学会」と指摘する森田実氏

また森田実氏は次のように指摘している。

「野党側が二〇〇七年春の統一地方選を通じて最大の教訓とすべきは、〝野党にとっての最大の敵は公明党・創価学会であり、とくに公明党・創価学会との対決姿勢を強め、学会批判を強めなければ七・二二決戦（二〇〇七年夏の参議院選挙のこと――筆者注）には勝てない〟ということである。野党側はこのことを肝に銘じ、『選挙宗教団体・創価学会』への警戒心を高め、批判・攻撃を強めるべきである。今日の日本の政治は、自公連立政権という形をとって、創価学会に支配されている。創価学会支配との戦いを強化しなければならない」――同氏のＷｅｂサイト『森田実の時代を斬る』二〇〇七・四・二三（その一）から引用。

森田実氏は、野党を温かく理解する数少ない政治評論家である。その森田氏が二〇〇七年（平成一九年）の統一地方選の〝最大の教訓とすべき〟といっているのだ。野党各党は耳を傾けなければならないと思う。いまのところそのような気配はほとんど感じられない。

私はこの問題に長い間携わってきたが、創価学会・公明党と戦うということは正直にいってかなり〝キツい〟ことは確かである。しかし、〝キツい〟からといってこの点を曖昧にしたり避けたのでは、自公〝合体〟政権に勝つことなど到底できない。自公両党は連立しているのではなく、すでに〝合体〟しているのである。

自民党と戦うということが本気であるならば、創価学会・公明党と戦うことを避けることなど所詮できないのである。いろいろと弁解してもそれは言い訳であり屁理屈に過ぎないのである。厳しいようだが、今日の政治の状況下においてはそれが現実なのである。

藤原弘達氏の遺言

困ったことだが、自民党は公明党との連立で安定多数をもったと錯覚し始めた。これは明らかに錯覚なのだ。自民党は、単独では過半数をとる力もいまやないのであるが……。自民党の右翼反動政治家の悲願は、憲法改正である。自民党右翼反動の系譜に育ち、そのような考えをもっている安倍首相は、憲法改正を内閣の課題として打ち出してきた。また国民のかなりの人たちも錯覚している。公明党は憲法改正には慎重であろうという錯覚である。確かに公明党はそのようなイメージを今なお出している。しかし実際に果たしている役割をみれば、安倍首相の憲法改正の動きを可能にしているのは公明党なのである。自公〝合体〟政権の弊害は、ここにもみることができる。

「(公明党が)自民党と連立政権を組んだ時、ちょうどナチス・ヒットラーが出た時の形態と非常によく似て、自民党という政党の中にある右翼ファシズム的要素、公明党の中における狂信的要素、この両者の間に奇妙な癒着関係ができ、保守独裁を安定化する機能を果たしながら、同時にこれをファッショ的傾向にもっていく起爆剤的役割として働く可能性を非常に多く持っている。そうなった時には日本の議会政治、民主政治もまさにアウトになる。そうなってからでは遅い、ということを私は現在の段階において敢えていう」

いまや創価学会問題の古典ともいえる『創価学会を斬る』の中で、著者の藤原弘達氏がのべていることである。いま日本国民にとっていちばん大きな課題は、自民党の右翼反動が目論む憲法改正をどうやって阻止するかだと思っている。彼らが考える憲法改正を許せば、基本的人権の尊重と民主主義は危殆に瀕することは確実である。そうなったら〝まさにアウト〟だ。

自公〝合体〟政権の打倒は、国民的課題

自公〝合体〟政権が衆議院の三分の二を超える議席をもっている現在の政治情勢はきわめて危険である。しかし、これは小泉自民党が詐術を用いて詐取した議席である。恐れる必要はない。だが詐術を用いることは、いまや自民党の体質である。警戒をしないとまた嵌められることにもなる。要注意である。

いま創価学会の池田大作名誉会長は、世界中から何百個も勲章を集めている。そしてそのことを創価学会は宣伝しまくっているが、国民の多くは創価学会・公明党の体質や野望を決して許容していない。多くの国民は創価学会の危険性というかいやらしい体質にいまなお警戒感を強くもっている。

国内的にみても何となくいかがわしい自公〝合体〟政権の実態が国際的に明らかになれば、そのような政権が支配するわが国は警戒感をもたれ、国際社会において〝名誉ある地位〟を得ることなど絶対にできないであろう。政治体制を問わず、〝反独裁〟はいまや世界のもっとも普通の政治的価値観であるからだ。自公〝合体〟政権は、大きな視野に立てば国益に反するものである。

自公〝合体〟政権は、基本的人権の尊重・民主主義・平和主義というわが国の憲法の基本を脅かす危険な政権である。自公〝合体〟政権を可及的速やかに打倒しなければならない。それは国民の幸福を実現する上で不可欠な課題であることを銘記しなければならない。

私は長い間自民党に籍をおき、日本の政治に参加してきたという自負がある。それだけに自民党の変質を指摘できるし、その危険性を痛感している。警鐘を乱打しつつ〝ひとまず〟筆をおくこととする。

この拙稿が、わが国民の自公〝合体〟政権に対する戦いに少しでも役立てばこれに優る喜びはない。

4章　自公〝合体〟政権批判

『月刊日本』（K&Kプレス刊）二〇〇七年四月号から二〇〇七年六月号にかけて連載した「自公〝合体〟政権批判」を収録

1　保守の信義にも悖る公明党との連立

名誉ある離党者第一号

二〇〇一年（平成一三年）二月四日、私は自民党を離党した。

一九九三年（平成五年）七月の総選挙で自民党は過半数を失い、野党となった。それから一九九四年（平成六年）六月、自社さ連立政権で自民党が政権に復帰する一年足らずの間に自民党を離党したものは数十名に及ぶ。

自社さ政権の首班候補として村山富市社会党委員長を自民党は党議決定した。議員内閣制をとるわが国では、首班指名選挙において誰に投票するかということは国会議員のもっとも重要な投票行動のひとつである。首班指名選挙において、所属する政党の決定に従わないということは、政党人としての資質を問われる問題である。政党にとって最も重い除名処分にされても仕方がない問題といわれている。これは、郵政民営化法案の比ではないのだ。

自民党の場合、首班指名選挙の一回目の投票で村山富市の氏名を書かなかった者が十数名いた。社会党からも多くの造反者が出た。その結果、一回目の投票で村山氏は過半数をとることができず、決選投票にもち込まれた。もし一回目の投票で村山氏の対抗馬であった海部俊樹氏が過半数をとっていれば、海部氏が首相になっていた。その場合、村山氏に投票しなかった者の大多数は自民党を出ていった筈である。

自民党も社会党も、首班指名選挙で党の決定に従わなかった者を処分しなかった。首班指名選挙で他党と連携していた海部氏本人すら、最初は離党する必要があるのかという雰囲気だった。しかし、それはないだろうということで海部氏は渋々離党した。

自民党にとって政権参加の意義は大きかった。自社さ政権は、最初は村山氏を首相とする以外に成立もしなかったし、運営もできなかった。従って、自民党単独内閣に比較すればいろいろと問題がなかった訳ではなかったが、それでも自民党からの離党はピタリと止まった。政権党に復帰した効果は絶大だった。

以後自民党はずーっと政権党である訳だが、二〇〇五年（平成一七年）九月の郵政民営化法案をめぐる総選挙で離党する者がでるまで、政治的理由で自民党を離党した者は私以外にひとりもいなかった。私はかなり長い間孤高を守ってきた名誉ある自民党離党者第一号といってもいいのかもしれない。

離党届

私は、一人の自由主義者として昭和五二年自由民主党に入党し、今日まで党の発展のために微力を尽くしてまいりましたが、公明党との連立・平成一二年総選挙の戦略戦術・加藤騒動に対する対応などに象徴されるわが党の路線・運営は、独立自尊の精神を失い、自由主義を標榜する国民政党たらんとするわが党の本旨に悖（もと）るものであり、これを容認しこれ以上耐えることは、誇りある自由民主党党員としてもはやできません。

よって、私は、離党いたします。

平成一三年二月四日

自由民主党新潟県第六選挙区支部長
自由民主党党員　白川　勝彦

自由民主党総裁　森　喜朗　殿

離党届にあるように、私が離党した理由のひとつは自民党と公明党の連立であった。他の理由もあるが、何といってもそのことが最大の理由であった。

私は自民党が公明党と連立を組むことに反対せざるを得ない深い理由があった。ひとつの理由は、公明党との連立は憲法二〇条が定める政教分離の原則に反するからである。しかし、もうひとつの大きな理由がある。「国民政党たらんとするわが党の本旨に悖（もと）るもの」という理由であった。ここのところはもう少し詳しく述べなければならないであろう。

私は自他ともに認める自由主義者である。だから自由主義を標榜する自民党に入党したのである。私が国政を目指して政治活動を始めたのは、一九七五年（昭和五〇年）であった。その当時の政党の中で自由主義を党の基本理念として標榜していたのは、自民党しかいなかった。公明党ですら、「人間性社会主義」という意味不明な言葉を綱領の中で使っていた。

従って、自民党が真の自由主義政党であるかどうかは別にして、自由主義者である私が所属すべき政党は、自民党しかなかったのである。私も当時すでに三〇を過ぎていた。だから自民党の現状がどのようなものかはある程度知っていた。自民党の中で、自由原理主義者のような主張や行動をするつもりはなかった。しかし、不完全な自由主義政党である自民党を、真の自由主義政党に改革していくことは私の最初からの問題意識であったし、そのように活動してきたつもりである。

私は加藤紘一氏の引きで宏池会に所属することになった。一九七九年（昭和五四年）に衆議院議員に初当選したが、宏池会に籍を置いたためであろうか、党内の諸活動において自由主義者として行動するのに大きな障碍を感じたことはない。いろいろな問題がなかった訳ではないが、離党を考えたり迫られるようなことは一度もなかった。

保守は自民党のレゾンデートル

私が、公明党との連立を「国民政党たらんとするわが党の本旨に悖（もと）るもの」と書いたのは、万感の思いを込めてのことであった。

公明党でさえ「人間性社会主義」と綱領に謳うほど、社会主義は国民の心のある部分を掴んでいたことなのである。そのような風潮の中で、自由主義を標榜するということは、自民党は社会主義を採らないという政治的旗印なのである。社会主義というと革命を国民は想起する。社会主義に対して自民党が自由主義を標榜したことは、政治的に保守であることを闡明（せんめい）することであった。「革新」と呼ばれた社会党・共産党などの野党ブロックに対して、自民党は「保守」をもって対峙した。保守ＶＳ革新は、五五年体制のもっとも分りやすい政治的な構図であった。

その証拠に、自民党の中で自由主義者であると明確にいう者は多くはなかったが、自分を保守主義者といわなかった政治家に私はお目にかかったことがない。また自民党の支持者もそうだった。国民は自由主義と社会主義の違いで政党を選択するよりも、保守か革新かで政党や政権を選択したのである。

自民党が長い間衆議院で過半数を確保できたのも、保守であることの安心感がそれを可能にしたと私は考えている。自民党は自らを国民政党といってきたが、国民政党たる自民党は間違いなく保守政党であったからこそ多くの国民の支持を得てきたのだ。だから保守であることは、自民党にとってレゾンデートルなのである。

それでは、保守とは何か、保守政党とはどういう政党のことをいうのかというと、これはまたけっこう難しいのである。ここではその論述は避けることにする。極めて大雑把にいうと、保守とは形而上的な理論や主義で現実問題を律しようとするのではなく、現に存在している現実を大切にしながら問題を漸進的に解決しようという政治的なビヘイビアだと私は考えている。現実からより良い未来を希求する考え方・ビヘイビアといってもよい。

保守の矜持とは？

保守は、イコール自由主義ではない。自由主義が起こした革命がフランス革命であり、アメリカ独立革命戦争である。しかし、ロシアなどごく特殊な国を除いて、社会主義・共産主義は保守でない。保守は主義・イズムではないので、理論ばっていない。人間と人間との関係や、地域や歴史や現実と人間の関係を大切にする考えである。

長い間自民党の国会議員として生きてきた私は、間違いなく保守であった。極めて俗っぽいいい方をすると、信義や義理や人情を大切にする生き方を大切にしてきた。わが国の保守は、そういうものを大切にしてきたし、自民党は主義・イズムではなくそのようなものを絆として政治的に結合した集団であった。公明党との連立は、保守政党として最低限守らなければならない信義や人情に悖るもの、と私は考えざるを得なかったのである。

政権にありつくために、また政権を維持するために、自由主義者としての誇りだけでなく保守としての矜持をも捨てた自民党に私は何の未練もなかった。というより、そのような政党に安穏と所属していることに私は政治的罪悪感すら感じずにはいられなかったのである。

マスコミの大半が新進党勝利と予測

思い出してほしい。一九九六年（平成八年）一〇月に行われた総選挙は、自民党と新進党の命を懸けた政治決戦だった。旧社会党の多くは民主党から立候補したので、自民党と新進党の戦いは新進党の中心にどっかりと座っていた創価学会・公明党との戦いとなった。自民党は、政治評論家俵孝太郎氏が書いた「新進党は創価学会党である」という論文やジャーナリストの内藤国男氏の書いたビラを配って対抗した。要するに新進党の創価学会党性を突き、自民党は政教分離の必要性を徹底的に訴えたのである。

自民党を支持する宗教団体は多くあった。自民党は保守政党であるからそれはごく自然なことなのだろう。宗教団体は経済的な団体などと違って予算を伴う政策的要望などをあまりしない。せいぜい宗教団体に対する課税の特別措置を求めるくらいなものである。宗教団体に対する課税の特別措置といっても、それは他の公益的な団体（社団法人や財団法人）と同じように扱うというだけのものなのである。宗教に公益性があるとの考えからである。

しかし、公明党の政権参加となると、宗教者や宗教団体にとって話は別になる。政教分離は、宗教者や宗教団体にとって最重要な問題であった。

野党やマスコミは、政教分離の問題をそれほど重要とは考えていなかった。細川非自民連立政権以後も、反自民の風潮は依然として強かった。自社さ政権を作って自民党は政権に復帰したが、総選挙では新進党に敗北して再び野党に転落するとの見方が大半だった。

私は一九九五年（平成七年）一一月から加藤紘一幹事長の下で、来るべき総選挙の候補者選定を主任務とする総務局長に就任した。その総選挙は、小選挙区制で行われる初めての選挙であった。一九九五年（平成七年）夏に行われた参議院選挙では、新進党が比例区で第一党となった。比例区では新進党一八議席に対して自民党一五議席であった。新進党強しとみた有望な新人候補は、雪崩をうったように新進党へ走った。

壮絶なバトル

私が総務局長に就任した時点（一九九五年一一月）で、三〇〇の小選挙区で自民党の候補者は二〇〇人しか決まっていなかった。これに対して新進党はすでに二三〇の小選挙区で候補者が決まっていた。

あらゆるデータを使って選挙結果を予測しても（それが総務局長の最大の任務である）、新進党に勝てるという予想は出なかった。マスコミ等も同じような予測をするのだが、ほとんどが新進党が勝つと予想していた。また世論一般の見方もそうだった。

そうなると自民党を伝統的に支持してきた各種団体も従来のように自民党を支援してくれなかった。自民党の支持団体の多くは、政権与党である自民党の利用価値を忖度するのであり、総選挙で野党になる可能性のある自民党を従来どおりには支援してくれなかったのである。

都市部などでは、新進党に参加した旧政党の得票を合計すると自民党が前回の選挙で獲得した得票の三倍から四倍もあるというがほとんどだった。このような情勢の中で自民党は戦わざるを得なかったのである。

自民党のひとつの看板は、村山首相の後を受けて一九九六年（平成八年）一月首相となった橋本龍太郎氏であった。橋本氏は一九九五年（平成七年）一〇月に自民党総裁になっていた。もうひとつの有効打が、政教分離を訴えることであった。創価学会や公明党に対して、国民は不信感と猜疑心をもっていた。新進党と創価学会の関係を批判することは、ボディ・ブローとして着実に浸透していった。

この活動の先頭に立ってくれたのが、宗教団体であった。宗教団体はわざわざビラを作成したり、内藤氏のビラを購入したりして配布したのである。ビラ配りといっても選挙戦が近くなると、創価学会員に取り囲まれるという激しい活動であった。

総選挙では二〇〇以上の小選挙区で、自民党と新進党は文字通り激突した。激戦区では、自民党の候補者が街頭演説をはじめると創価学会・公明党の支持者がこれを取り囲んで街宣車を叩いたり、罵声を浴びせるなどした。まさに壮絶なバトルであった。

公明党との連立を図った小渕首相

私は単に総務局長という立場だけでなく、党の中枢でこの新進党との戦いの指揮をとった。広報や組織などの担当者はいたが、最初の小選挙区制の選挙であったので皆各自の選挙に精力を割かざるを得なかった。私は比例区から立候補することになっていたので、選挙での当落の心配はなかった。

結果として広報や組織の仕事も「白川、頼むぞ」と頼まれて、私がやらなければならなくなったのである。また党を預かる加藤紘一幹事長は、私を全面的に信頼し仕事をやらしてもらえたので、私はもてる力のすべてを傾注することができた。私はここで政権をとるという総選挙のすべてを指揮するという大変だが貴重な経験をすることができた。

一九九六年（平成八年）一〇月二〇日に行われた総選挙で、自民党は二三九議席を獲得した。一方、新進党は一五六議席であった。自民党は、少なくとも新進党との戦いには完勝したのである。私はこの選挙の功績が認められたのか、自治大臣・国家公安委員長に任命された。

一九九八年（平成一〇年）夏の参議院選挙で自民党は予期せぬ大敗北を喫し、橋本首相・加藤幹事長が引責辞任をし、一九九八年（平成一〇年）七月小渕恵三氏が首相となった。その小渕首相が公明党との連立を最初に口にしたのは、一九九九年（平成一一年）の夏ころであった。公明党との連立は翌年の九月に行われた総裁選挙でも争点になった。小渕首相に対抗して立候補した加藤紘一氏と山崎拓氏は公明党との連立に反対したが、小渕首相が再選された。一九九九年（平成一一年）一〇月五日、自民党・自由党・公明党の連立内閣が発足した。自自公連立内閣と呼ばれた。あの新進党との激しいバトルを展開した総選挙から三年も経っていなかった。いうまでもなく自由党も公明党も、先の総選挙で新進党の中核的メンバーによって組織された政党である。

私が「自公〝合体〟政権」と名づけた理由

小渕首相が公明党との連立をいい出したとき、自民党はこれにはかなり反対すると私は思っていた。だが自民党の中で公明党との連立に反対する者は意外にも少なかった。もちろん強く反対する者もいたが、大勢にはならなかった。私は失望した。

その理由のひとつは、対抗馬として加藤・山崎氏が立候補したものの、小渕氏の再選はほぼ確実視されていたし、現にそうなった。自民党の国会議員というのは、大勢順応派が多いのである。もうひとつは、創価学会を中心に据えた新進党と戦った一九九六年（平成八年）の総選挙が、自民党にとってあまりにも厳しかったからだと思う。公明党と連立を組めば創価学会と正面から戦う必要はなくなる、と自民党の多くの国会議員は考えたのだろう。

このことは理解できない訳ではないが、それではあまりにもご都合主義ではないかと私は思った。また保守政党としての矜持や生き方を放擲するものではないかとも考えた。この当時、自民党を支援してきた宗教団体は公明党との連立に反対して行動を起こしたが、多くの自民党国会議員はこれを無視した。信義を貫くといつもいっていることに悖るのではないかと私は思ったが、そんなことに耳を貸す議員は少なかった。

普段は偉そうなことをいっている自民党国会議員の多くはこんなものなのである。公明党との連立成立後も、私は数少ない同志と共に「政教分離を貫く会」を作り反対していったが、私が二〇〇〇年（平成一二年）六月の総選挙で落選したためにその後どうなったのか知らない。いままでは、公明党との連立に反対したり、これを批判することは、自民党ではタブーである。このタブーに触れると私のように創価学会から徹底的に攻撃されることになる。

自自公連立は、自公保連立を経て自公連立となり現在に至っている。この自公連立政権を私がなぜ「自公〝合体〟政権」と命名したのか、それは他の連立政権との違いを検証しながら次項で述べる。

2　野合ではなかった自社さ三党の連立政権

にわか〝改革者〟の跳梁跋扈

一九九三年（平成五年）六月衆議院は解散された。私は当時落選中の身だった。長い間待たされていた。前回の総選挙から三年四ヶ月も経っていた。一九九〇年（平成二年）の総選挙は消費税選挙だった。今度は政治改革選挙だった。どちらも自民党公認候補の私には有利なテーマではなかった。しかし、私はこの選挙には自信があった。政治改革がテーマならば、政治改革のためにいちばん努力してきたのは自分であるという自負もあったし、このことを新潟四区（旧選挙区、現在はそのまま新潟六区となっている）の有権者は必ず分ってくれると信じていた。

この総選挙にいたるまで、長い間国民は選挙制度改革の議論につき合わされてきた。衆議院の選挙制度について、ありとあらゆる制度が議論された。そして選挙制度を変えないことには、政治改革は一歩も進まないというムードが世の中に蔓延していた。選挙制度の変更を主張する者は改革派、選挙制度の変更を主張しない者は〝守旧派〟とみなされた。少なくともマスコミはこの論調で押しまくった。

政界には、〝にわか改革派〟が跋扈していた。選挙制度の改革を口にする者は、改革派であった。それは、一九六八年（昭和四三年）から数年間、わが国の大学に跋扈した「全共闘」と同じであった。私は大学に入学した直後から学生運動に身をおいたが、圧倒的多数はいわゆる無関心層であった。私たちがどんなに運動に参加することを呼びかけても馬耳東風であった。まったく興味を示さなかった。ところが、これまで学生運動に無関心だった者がある日突然目覚めるのである。そして運動の先頭に立って、革命者然として叫ぶのである。ゲバ棒をもって闘争するのである。ゲバ棒で革命ができるのなら世話はない。

〝にわか改革派〟がどこかおかしいということを、賢明な有権者はすでに見抜いていた。私は選挙制度改革などということを少しも口にしなかったが、七万七〇〇〇票を獲得して最高点で当選した。私が過去取ったこともない高得票であった。

〝革命〟的状況の出現

選挙の最中から、自民党が単独で過半数を確保できないことは、専門家の中では十分に予想できた。しかし、自民党政権が崩壊すると考える人はそんなに多くなかったのではないかと私は思っている。私自身も、選挙後は自民党といくつかの政党が一緒になって政権を作ればいいと思っていた。その候補としての政党は、日本新党であり、新党さきがけであり、新生党であり、場合によっては民社党でもいいと私は思っていた。

自民党という政党を良く知っている者としては、一緒に政権を担当する政党がこれらの党であれば、政権運営にはほとんど支障はないという確信があった。だから体制崩壊という危機感などほとんど私にはなかった。多くの国民もそう考えていたのではないだろうか。自民党政権の崩壊となれば、わが国においてはそれはひとつの〝革命〟である。しかし、一九九三年（平成五年）の総選挙を〝革命〟を引き起こす選挙だったと主張する者も少なかったし、そのように記憶している者もほとんどいないのではないかと思う。

〝革命〟は、選挙後におこったのである。細川護熙氏を首相とする非自民連立政権ができたのである。自民党に過半数を与えなかったのは、確かに国民の選択であった。しかし、選挙直前に五〇名近くの現職議員に離党されたのでは、自民党が過半数を獲得できなかったとしてもやむを得ない。

国民も新生党や新党さきがけや日本新党の候補者を自民党と完全に敵対する候補者と考えていなかったのではないだろうか。彼らは選挙制度については変更を主張していたために〝改革者〟とみなされていたが、いうならばそれだけのことではないか。自民党と違うのはそのことだけであり、他の問題については自民党と同根という経緯があったし、そこからくる安心感も選挙ではプラスした。その証拠に革命的状況を作りだした筈のこの選挙において、これまで自民党と対峙してきた野党第一党の社会党は大幅に議席を減らしている。自民党と激しく対峙してきた野党第一党が大幅に議席を減らす〝革命〟的選挙というものはないだろう。

総選挙の結果自民党は過半数に三〇議席ほど達せず、単独で政権を組織することはできなくなった。逆にいうと野党が結束すれば非自民連立政権を組織することが可能となったのである。自民党政権を倒すことは、一九五五年（昭和三〇年）から自民党単独政権しかなかったわが国では、明らかにひとつの〝革命〟だった。

突如として〝革命〟的状況が生まれたのである。ここで野党が結束して非自民連立政権を樹立しなければ、野党はその存在価値を問われることになる。また評判の悪い守旧派の自民党と組んでも何のメリットもなかった。非自民連立政権を作ることは、野党各党の存立にも関わる一大任務となったのである。

焦った細川首相と小沢一郎氏

このような〝革命〟的状況の中で、細川内閣は生まれるべくして生まれたのである。七党八会派は共同して細川内閣を作った。細川内閣を作る上で、新生党の小沢一郎氏が大きな役割を果たしたことは確かであろうが、過大評価することはできないのではなかろうか。あの状況の中では、非自民連立政権に参加しない度胸がある政党は共産党くらいしかなかったであろう。国民は自民党政権を打倒したかったのである。

七党八会派の連立に関する協定書は、あることはある。しかし、それにそれほど意味があるとは思えない。要するに非自民政権を作ることが目的であり、それを否定するものでなければ連立の障碍に基本的にはならなかったのである。そして政治的にみても非自民連立政権は、それなりに大きな意味をもっていた。国民もそのことをシッカリと理解し、細川内閣を圧倒的に支持した。

細川非自民連立政権の目的と存在価値は、それ自体にあった。だから細川首相も小沢氏もあまり焦る必要はなかったのかもしれない。しかし、両人とも自民党出身者であったために、自民党への対抗心が強すぎたのかもしれない。自民党政権に負けない政権を作ろうとしたのである。そうすると政策的に消化できないものが、七党八会派の間に生じてしまうのである。

前項で書いたように、私は細川内閣に対峙しなければならない立場にあった。世論もマスコミも、細川内閣を圧倒的に支持していた。自民党はすでに崩壊過程に入っていた。自民党という政党は、政権党であるが故にひとつの政党にまとまっていただけなのである。その自民党から政権をとってしまえば、自民党はもたないのである。自民党の幹事長までやった小沢氏はなぜこんな単純なことに気が付かなかったのだろうか。

しかも小沢氏が七党八会派の政策協定をギリギリ詰めだしたのは、小選挙区制の導入を決定した政治改革法案が成立した後であった。小選挙区制の下における次の選挙を考えれば、野党が結束すれば自民党に勝つことはほとんど間違いないところであった。

このことは、逆の立場に立てばよく分る。一九九五年（平成七年）一〇月私は、自民党が自社さ政権で政権に復帰した後に次の選挙を戦う総務局長に就任した。そのような状況でも自民党が総選挙で勝利することなどなかなか展望が開けなかった。もし、自民党が野党のままで総選挙を闘わなければならなかったとしたらそれは絶望的であったであろう。

政権欲は連立の重要なモメント

羽田連立政権の後に誕生した村山自社さ連立政権の場合は、細川非自民連立政権を作るほど単純でも簡単でもなかった。本格的な連立政権の難しさは、これを分析することによって明らかになる。

羽田内閣の成立直後、統一会派「改新」の結成に端を発して社会党と新党さきがけは非自民連立から事実上離脱することになった。羽田内閣は、組閣のその日から少数与党内閣となったのである。だからこれを倒すことは簡単であるが、これに代わる新しい連立内閣を樹立することは別問題である。確りとした連立の基盤がなければ、それは樹立できない。

自民党が政権を手に入れたいと望んでいたことは事実であった。しかし、自民党と連立を組もうなどという政党は正直にいって最初はいなかった。最大の難関は、連立を離脱した社会党や新党さきがけには、〝政権に対する執着〟というものがあまりなかった。連立を可能ならしめるモメントとして政権に対する執着というものは非常に重要なことなのである。

政権に対する執着がない政党なんてあるのかと疑問に思う方も多いだろうが、それがけっこうあるのである。政権党というのは、いいことばかりではないのである。政権党である故の苦労もけっこう多いからである。政権に対する執着があるかないかは、その政党の支持者によるのではないか。

社会党や共産党の支持者は、自分の支持する政党が政権党になることを必ずしも望んでいないのであるから、その政党の政治家も政権に対する執着というものがあまり生まれないのである。一方、自民党の支持者は、政権党であるが故に自民党を支持しているのである。政権やその役職に執着しない政治家などとんでもないことなのである。だから自民党には政権に対する異常なまでの執着があるのである。下部構造（支持者）が上部構造（政党のあり方）を規定するということか。

経世会の自民党支配の秘密

社会党や新党さきがけの政権に対する執着は、自社さ連立を成立させるモメントにはならなかった。自社さ連立を成立させるためには、何らかの大義名分＝目的が必要だった。

私は一九九四年（平成六年）の初めころから、細川首相の一億円疑惑とは別に非自民連立政権の政治的体質を問題にしていた。私は非自民連立政権の内部にいた訳ではないが、非自民連立政権の政治的体質は問題の多いものだった。それは細川連立政権の最大の実力者であった小沢氏の政治的発想や手法に起因していたものと思われる。

私は自民党において長年にわたり経世会支配と闘ってきたが、それと共通するものがあった。

小沢氏は、経世会が自民党を支配した手法で非自民連立政権を掌握できると考えていたような気がする。ここに小沢氏の大きな認識不足があったのではないだろうか。自民党を経世会の手法で支配できたのは、自民党の派閥や国会議員に政権欲があったからである。しかし、非自民連立政権を構成していた政党には、政権に対する執着がそれほどない政党もあるということに思いをいたさなかったのではないだろうか。

もちろん、社会党全体に政権への執着がなかったなどと私は思わない。政権欲旺盛な人もいた。それが社会党の中の争いとしてあったことは事実である。その人たちは、せっかく手に入れた非自民連立政権に固執していた。一方、社会党左派といわれる人たちには、政権欲というようなものはほとんどなかった。私たちが連立を模索せざるを得なかったのは、この人たちであった。

〝一・一ライン〟に対抗する自社さ連立

小沢氏と公明党の市川雄一書記長が非自民連立政権の中で大きな力をもっていた。このふたりによる非自民連立政権の運営は、〝一・一ライン〟などと呼ばれ、強権的な政治を代表する言葉となった。私たちは、この強権政治に対抗することを社会党や新党さきがけに訴えた。

しかし、社会党からみれば自民党も強権的な政党であるというイメージはあった。これでは、共同戦線がはれる筈がない。自民党がそうでないことを示す必要があった。それには自民党がいままでとは変わったことを表明する必要があった。その標語が〝リベラル〟であった。新自由クラブの代表を務めた河野洋平氏が自民党総裁であったことは、ある程度の説得力をもった。自民党のリベラル派は具体的な目標をもって結集した。新党さきがけの国会議員は自民党にいた時、私たちリベラル派と行動することが多かった。新党さきがけとの連携はそんなに難しくはなかった。

社会党と連立について協議する上で、憲法問題は避けて通れない課題であった。私たちは、正面からこの問題を議論した。自民党と社会党と新党さきがけの有志でつくった「リベラル政権を創る会」の設立趣意書で、この問題については次のように結論づけ合意した。

「日本国憲法の精神を尊重し、自由で公正な社会をつくり、市民参加を重んずる民主的な政治をめざす」

自社さ政権は、〝一・一ライン〟に象徴される強権的な政治に対抗するために生まれた。その理念は、〝リベラル〟であった。リベラルというのは、ひとつの政治的価値観であり、少なくとも〝非自民〟ということよりは一歩進んだ連立であった。

自社さ政権は、事の経過をよく知らない人たちから〝野合政権〟と激しく非難された。だが実際に自社さ連立を成立するために努力した者には、それは的外れの非難や批判であり、あまり痛痒は感じなかった。政策的な乖離も、リベラルという価値観があればだいたい埋めることはできると考えていたし、また実際にそうなった。

私たちは、社会党が日米安保条約や自衛隊や国歌国旗について党内の了承を得ることができるのか不安であったが、村山首相は見事に解決した。一方、自民党がリベラルな路線を歩めるかどうかも心配であったが、リベラルな路線から自民党が逸脱した時に連立は崩壊し、再び野党に転落するのだという緊張感があった。

自社さ政権の意義

連立政権にとって、政策調整は最大の問題である。ある党にとってどうしても納得できない、妥協できない問題が生じた場合には、連立離脱ということが生じる。この緊張関係があるかないかでその連立の質が決まる。細川連立内閣では、非自民政権というだけで歴史的・政治的価値が十分あったのだが、そこに政策の一致を強引に持ち込もうとしたために社会党や新党さきがけの連立離脱を招いてしまった。

自社さ連立政権は、強権政治を終らせる目的があったが、このことはあまり国民には理解されなかった。従って、具体的に政策を実現してゆかなければ、国民の理解と支持は得られなかった。その政策調整の中心的にいたのが、加藤紘一自民党政調会長だった。

自社さ政権の政策協定はあった。しかし、そこにすべての問題が書いてある訳ではない。また政権には、処理しなければならない問題が次々と突きつけられる。〝リベラル〟という基本的価値観はあるものの、いろいろな問題を具体的に処理するとなると難しい場面もあった。自社さ三党の政策担当者は、時間と労を惜しまず政策調整を行った。被爆者援護法の制定や水俣病問題の最終決着などは、このような努力の結果なされたことである。

私は、自社さ連立政権が果たした役割は実は大きいと思う。それまで自民党と野党第一党である社会党の間には理解や妥協ができない根本的な違いがあると多くの人々が思ってきた。しかし、日米安保も自衛隊の問題も相対的な違いであり、調整や妥協が可能だということが判ったことである。ある事柄が、調整可能な問題なのか、それとも調整不能な問題なのかは、非常に重要なことなのである。そのことが見決められれば、政治の場における不毛な対立を防ぐことができる。

自民党と社会党の合同？

一九九六年（平成八年）一月五日、村山首相は辞任した。前年の一〇月、自民党の総裁となっていた橋本龍太郎副総理・通産大臣が首相に就任した。自社さ連立政権とはいえ、自民党にとっては二年半ぶりの悲願達成であった。

自民党から首相は出せたものの、橋本内閣の基盤が自社さ連立であることに何の変化もなかった。そして一年半後には、新しく決まった小選挙区で行われる総選挙が控えていた。前年行われた参議院選挙で、自民党は新進党に比例区で三議席少ない一五議席しかとれなかった。自民党にとって厳しい選挙になることは明らかであった。

一方、社会党の中も揺れていた。村山氏が辞任した理由のひとつが党内の路線問題であったといわれている。自民党でさえ次の選挙は厳しいのであるから、社会党にとってそれは一層深刻であった筈である。そんな中で、きわめて限られた範囲であったが、自民党と社会党の合同・合併ということが話題になった。私は選挙担当の総務局長として、積極派だった。

それは、選挙を考えれば、そうでもしない限り自民党勝利の展望が開けなかったこともあったが、本当の理由は別のところにあった。自民党は国民政党だというが、労働組合の支援を全然もたない国民政党などというものはおかしいという考えからであった。確かに社会党を支持してきたのは、総評といわれる労働組合連合だが、そういう組合のある企業の経営者が上手く付き合っているのだから、自民党がそうした労働組合と上手く付き合っていかなければならないと思っていたからである。

私は本気で話したのだが、自社さ連立に積極的だった社会党の国会議員にも残念ながらこれは受け容れられなかった。

こうして橋本首相を擁して、自民党は単騎で来るべき総選挙に臨むことになる。

3 〝政権党でいたい〟という浅ましい醜悪な連立

小選挙区制でのはじめての総選挙

一九九六年（平成八年）一〇月八日政治改革ということで決まった小選挙区制によるはじめての衆議院議員総選挙が行われた。自民党は橋本龍太郎首相を戴して、加藤紘一幹事長を先頭に戦いに突入した。自民党は三〇〇の小選挙区のすべてに公認候補者もしくは推薦候補を擁立した。

自民党が推薦した他党の候補者は一〇名前後であった。それは自社さ政権の与党であった新党さきがけと民主党と社民党の公認候補であった。民主党と社民党の公認候補者を推薦したのは、社会党が分裂し、民主党と社民党となったためであった。

自民党は三〇〇の小選挙区に候補者をすべて擁立できるほどの力は本当のところなかった。だから社会党と新党さきがけの候補者がいるところでその候補者を推薦することは十分できたのだが、社会党や新党さきがけの候補者の多くは自民党の推薦をそんなに希望しなかった。自民党公認とか自民党推薦というのは、そんなに錦の御旗にはならなかったからである。これは自民党に対する国民の感情が決してかつてのようなものでなかったという証左であろう。私が選挙の指揮を執った総務局長時代を通じて自民党の政党支持率は、三〇％をちょっと超える状態であった。

自民党に対する政党は、何といっても新進党だった。新進党は二五〇をちょっと超える小選挙区に公認候補者を擁立していた。また新進党は、自民党に勝って新進党内閣を作ることを明言していた。総選挙が政権をかけた選挙だとしたならば、自民党は政権政党であったので、過半数を確保して政権を組織することを当然のこととしていた。

新進党も二五〇近くの小選挙区に候補を擁立し、新進党内閣を作ることを訴えていた。これに対して鳩山由紀夫氏と菅直人氏を共同代表とする民主党は一四三、土井たか子氏を党首とする社民党は四三、武村正義氏を党首とする新党さきがけは一三の小選挙区しか候補者を擁立していなかった。

〝新進党は創価学会党である〟というキャンペーン

個々の小選挙区では、民主党や社民党や新党さきがけの候補者が最強の候補者だったところもあるが、全国的にはまさに自民党と新進党の政権をかけた総選挙であった。二〇〇前後の小選挙区で自民党候補と新進党候補が、まったく互角の激しい選挙戦を展開していた。自民党候補者の売りは、たとえ連立政権であっても政権党であることだった。

もうひとつの強力な武器となったのが、〝新進党は創価学会党である〟というキャンペーンであった。創価学会に対する不信感や違和感は国民の中に広くあった。新進党の最も中核にあって強力な選挙母体をもっている創価学会の存在は、〝新進党は創価学会党である〟というキャンペーンの真実性を国民に強く印象付けた。

創価学会は新進党にとって力強い最大の味方であったが、国民の半数以上が創価学会に対して不信感や違和感をもっている時、小選挙区の選挙においてはそれが仇ともなったのである。

しかし、忘れてはならない重要なことがある。それは、選挙を戦ったのは自民党と新進党だけではなかったことである。民主党や社民党や新党さきがけという政党も多くの選挙区に候補者を擁立したことであった。これらの三党は与党として選挙後自民党との連立政権に参加すると明言しなかったが、自民党に対して野党として対峙するとも主張しなかった。〝ゆ〟党なる言葉も流行った。少なくとも反自民とはいわなかった。それに対してこれら三党は、アンチ新進党であった。自社さ政権の残存効果である。

一方自民党は、たとえ過半数をとっても民主党や社民党や新党さきがけとの信頼関係を引き続き維持すると明言した。実際問題として自民党が過半数を超えることは容易ではなく、また自民党に対する不信感が国民の中に残っている状態で自民党単独政権の必要性を強調してみてもあまり効果がないことを自民党は十分に知っていた。新しく生まれ変わった自民党と謙虚さを強調することが、自民党の広報戦略であった。

新進党の解党

一九九六年（平成八年）一〇月二〇日、第四一回衆議院議員総選挙が行われた。結果は、自民党二三九議席・新進党一五六議席・民主党五二議席・共産党二六議席・社民党一五議席・新党さきがけ二議席・民改連一議席・無所属九議席であった。自民党は過半数を獲得できなかったが、相対的にはダントツの第一党となった。新進党は一五六議席しか取れず、またその他の政党と連立を組むなどという友好的関係もなかったので、政権獲得を訴えていた政党としては惨敗といえる。

一九九六年（平成八年）一一月七日首班指名選挙が行われた。橋本龍太郎氏が社民党や新党さきがけの協力を得て内閣総理大臣に指名された。

自民党は選挙期間中も友好的だった野党と連立を組むといっていたので、直ちに民主党や社民党や新党さきがけに連立して政権運営にあたることを申し込んだ。その結果、社民党と新党さきがけは閣外協力をすることになった。閣僚を出さない連立である。自民党は参議院で過半数でなかったので、閣僚を抱えることを否定はしなかったが、両党は議席が大幅に減少したことを理由に閣僚を出すことを要求しなかったのである。前にも述べたが、このあたりにも両党の政権に固執しない体質が窺われる。

政権獲得という観点からみたら総選挙で惨敗した新進党は、そのことが原因となって一九九七年（平成九年）一二月解党した。新進党の解党を機に自民党に入党する者が続出し、その結果自民党は衆議院で過半数を超えることとなった。万事が順調にみえた自民党ではあったが、一九九八年(平成一〇年)七月に行われた参議院選挙で惨敗した。

一九九八年(平成一〇年)参議院選挙の本当の敗因

この参議院選挙の敗因は、前年の国民負担増(消費税率引上げ等)・それに伴う景気の後退・失業率の上昇などといわれている。また投票直前の橋本首相の減税に関する発言が二転三転したことも有権者の不信を招いたともいわれている。私はこの参議院選挙を加藤幹事長の下で団体総局長として、候補者を擁立している自民党の友好支援団体との折衝に当たっていた。世論調査や団体の動きなどから惨敗するような兆候はまったくみられなかった。

いま冷静になって考えると、複数区に目一杯候補を擁立して自民党単独で参議院の過半数を強引に獲得しようとしたことが、〝不遜な自民党の再来〟と有権者の目に映ったのが最大の敗因だったのではないかと思っている。自民党は国民からみたらまだ執行猶予中の状況だったことを忘れてしまったのである。

橋本首相と加藤幹事長が引責辞任した。後継総裁を決める選挙が小渕恵三・梶山静六・小泉純一郎の三氏で争われ、小渕氏が総裁となった。衆議院は過半数を優に超える議席があったのだが、参議院では自民党は過半数を割っていた。折りしも長期信用銀行をはじめとする金融機関が破綻し、金融システムを守るためにどのような法律を作るか国会で小渕内閣は立ち往生した。このころから小渕首相とその周辺は、公明党との連立を模索するようになった。

国会対策上、参議院で過半数がないということは内閣としては辛いところではある。しかし、それまでも自民党が参議院で単独で過半数がない状態は何度もあった。参議院で過半数がないということを理由に連立政権が誕生したことはそれまでになかったことである。政権選択は、衆議院で決せられる。現に二〇〇七年（平成一九年）の夏の参議院で自民党と公明党の与党の合計議席が確保できなくても、安倍首相は責任をとって辞任する必要がないと自民党の有力者が現に発言しているではないか。小渕首相やその周辺が公明党との連立を考えたのは、別の理由でありもっと根が深いところにあると私は思っている。

創価学会・公明党との阿吽の連携関係

小渕首相は羽田・小沢氏などが脱退し分裂した経世会の後身である平成研究会（小渕派）の会長であった。経世会の前身はいうまでもなく田中派である。田中派と創価学会・公明党には特別の関係があったことは広く知られている。その端は、藤原弘達氏の著書『創価学会を斬る』をめぐる創価学会の出版妨害事件にある。当時自民党の幹事長だった田中角栄氏は、国会対策の上で創価学会・公明党に大きな貸しを作ったといわれている。

公明党はすべての選挙区（当時は中選挙区であった）に候補者を擁立していたわけではない。公明党が候補者を擁立していない選挙区で、田中派の候補者は創価学会・公明党の支援を得ることにより田中派は膨張していった。田中派と創価学会・公明党は、阿吽の呼吸で連携し合っていたのではないか。そのことは創価学会・公明党の地盤が強い、従って公明党が候補者を擁立する東京都や大阪府などでは、田中派の国会議員が非常に少なかったことからも窺えるのである。

一九九六年（平成八年）の総選挙は、新進党と正面から戦わなければ自民党の勝利はあり得なかった。新進党と正面から戦う以上、憲法二〇条の一項の「信教の自由は、何人に対してもこれを保障する。いかなる宗教団体も、国から特権を受け、又は政治上の権力を行使してはならない」という政教分離の原則を強調し、新進党の勝利は創価学会の政権参加となることを批判しなければ戦いにならなかった。

自民党は亀井静香組織広報本部長を先頭に徹底的に政教分離を訴え、創価学会の政権参加を批判した。しかし、幹事長代理で選対総局長であった野中広務氏は、一貫してこの路線に消極的であった。野中氏は小渕派を代表して自民党執行部に席をおいたのだ。形式上は選対総局長の席にある野中幹事長代理のこのような態度は、創価学会の政権参加を批判するキャンペーンを行う上で非常にやり難かったことは確かであった。

毒消しとして自由党との連立を先行させる

小渕内閣でその野中氏が官房長官に就任した。小渕首相の方から働きかけたのか、創価学会・公明党の方から仕掛けたのかは定かでないが、野中官房長官の誕生により公明党との連立の機運は急速に強まっていった。小渕首相は公然と公明党との連立を口にするようになった。

一九九九年（平成一一年）九月自民党の総裁選挙が行われた。この総裁選挙には加藤紘一前幹事長と山崎拓前政調会長（いずれも当時の呼称）が立候補した。加藤氏も山崎氏も公明党との連立に反対であると発言した。この総裁選挙で加藤氏は予想以上に得票をしたといわれたが、それは公明党との連立に疑問をもつ者から派閥を超えて支持を得たからであった。加藤氏の総裁選挙を一生懸命に応援した者として、私は自信をもってそのことを証言する。しかし、総裁選では小渕首相が大勝した。それは自民党の派閥力学からいえば当然の結果であった。

小渕首相は、総裁選挙で公明党との連立の支持を得たとして、一挙に公明党との連立をした。しかし、一九九六年（平成八年）の総選挙で自民党が創価学会・公明党と激しい戦いを展開したことを国民はまだ忘れてはいなかった。世論調査などでは、公明党との連立に反対との意見が圧倒的に多かった。小渕首相とその周辺は、公明党との連立だけでは世論の反発が強すぎると考えて、自由党（小沢一郎党首）との連立を先行させることにした。

政党として筋を通したか否かが有権者の判断材料

自自連立に公明党が加わったのは、一九九九年（平成一一年）一〇月五日であった。公明党との連立では忘れてはならないのが、地域振興券の発行である。地域振興券は、一九九九年

（平成一一年）四月一日から同年九月三〇日までわが国で流通した商品券の一種である。なんともおかしな政策だが小渕内閣は総額六〇〇〇億円もの掴み金を支出したのだ。自民党からも「バラマキ政策」だと強い批判が挙がったが、公明党の強い要望により導入された。当時内閣官房長官であった野中広務が「地域振興券は公明党を与党に入れるための国会対策費だった」と後に話したと伝えられている。多分そのとおりであろう。

このバラマキ体質こそ、自公連立の最大の特質である。自由党との連立では、かなり詳細な政策協定が結ばれた。そして現実にかなり実施された。二〇〇〇年（平成一二年）四月生真面目な小沢自由党党首が、自民党と自由党との政策協定の全面実施を迫ったことが原因で、自由党は連立から離脱することになる。その心労もあって小渕首相は病気で倒れ、不帰の人となった。

小渕首相が死亡したとき、自民党の一部から〝小沢氏が小渕首相を殺した〟という小沢悪者論が噴出した。しかし、政党の連立とはそもそも非常に緊張関係があるものである。連立というのは、下手をすればその政党に壊滅的なダメージを与えることがあるのである。小沢氏としては自由党の生死をかけた、政策協定をめぐる交渉だったのであろう。小沢氏は政策協定を蔑ろにされるくらいなら連立は自由党の利益にならないと考え、政権離脱もやむを得ないと決断したのである。

そしてこの連立離脱をめぐり自由党内でも意見が分かれ、政権離脱に反対する者は保守党を作った。自由党は分裂したのである。これは小政党であった自由党には厳しいことであった。

しかし、小沢氏の決断は、自由党の党首としては正しかったのだと私は思う。自由党が連立を離脱した二ヵ月後に、総選挙が行われた。政権から離脱した自由党は、一八議席を二二議席と伸ばした。一方、自由党から離脱し政権内に留まった保守党は、一八議席を七議席と激減させてしまった。小沢氏は政策協定を曖昧にしたまま政権に留まっても自由党は有権者の支持は得られないと判断したのだろう。政権にいることが必ずしも選挙で良い結果をもたらすというものではない。政党としての筋を通したかどうかが有権者から判断されるのである。

政策協定の実施は、真剣勝負

このことは、翌二〇〇一年（平成一三年）七月に行われた参議院選挙でもいえる。自由党は四議席を獲得したが、保守党は一議席を獲得したに過ぎない。かくして自自公連立は自公保連立となり、保守党は政権与党でありながら二〇〇三年（平成一五年）一一月の衆議院議員総選挙では四議席しかとれず、自民党に吸収されることになる。一方、自由党は二〇〇三年（平成一五年）の総選挙前に民主党と合併し、野党第一党としてしぶとく生き残っている。現在小沢氏は民主党の党首である。

自由党と保守党の変遷をみれば、連立を組んで政権党になることが政党にとって常にハッピーな結果をもたらすとは限らない。要は連立のあり方が大切なのである。連立の大義名分が正しければその連立がある政党に有利になることもあるし、大義名分がなければ有権者の厳しい判断によって壊滅的なダメージを受けることもある。

その判断材料になるのが政策協定の内容とそれがどのくらい実現されたかということであろう。政策協定をめぐって連立与党同士が激しくぶつかり合うのは、当然のことなのである。それは非常に緊迫したものである。自社さ連立政権ではどの党も連立離脱をしなかったが、それはあくまで結果でしかない。自社さ三党の政策協議は非常に真剣かつ緊張したものであった。

私は自社さ連立政権を作ることには深く関与したが、連立政権誕生後は衆議院商工委員長と自民党の選挙対策の重要な部署である総務局長を務めていたので、政策協議の現場にはいなかった。しかし、連立政権運営の中心にいた加藤紘一政調会長(後に幹事長)の側にいたので、政策協議の苦労はよく知っている。実際には何度も連立崩壊の危機があったのだ。

人はパンのみにて生きるに非ず

自公保連立や自公連立には、このような緊張関係があるのだろうか。自民党と公明党との間に政策協定は一応はある。自民党と保守党との間にも一応の政策協定はあった。しかし、これらの党が政策協定をめぐって自民党と激しいやり取りをしたことなど、一度もなかった。保守党の結成は、その経過からしてそもそも自民党に合流する一時的な止まり木に過ぎないものだった。だから自民党と保守党との政策協定など問題にする必要もないであろう。自民党と公明党との連立に際して締結された政策協定となると話は違う。少なくとも自民党と公明党の成り立ちやそれまでの政治的パフォーマンスは、明らかに違うものであった。また政党としての理念や性格も大きく違うと考えられていた。そのような政党が連立政権を作る場合、国民に対してその政治的理由を明らかにする必要があるばかりでなく、両党の党員や支持者に対してもその義務があると私は思う。

先に述べたように公明党との連立にあたり、自民党は手付として六〇〇〇億円の地域振興券を発行することを呑んだ。そもそも自民党にもバラマキ的体質はあったので、公明党が要求する程度のバラマキは自民党にとってそれほど痛痒を感じるものではなかったのである。

しかし、人はパンのみにて生きるに非ず、だ。両党との間には、〝お金〟だけでは解決できない差違や問題があった筈であった。少なくとも公明党にはどうしても譲ることのできない〝何か〟はあった筈だし、それがなければ長い間にわたり野党として国会にある程度の議席をもってきた政党としての存在理由を問われても仕方がないことであろう。だが、多くの国民が注視する中で、自民党と公明党が連立政権を作るにあたって緊張感のある政策協定の論議を重ねることはなかった。

自公連立の基本理念は⁉

〝はじめに言葉ありき〟は、聖書の一節である。キリスト教とは関係ないといっても、公明党は創価学会という宗教団体と深い関係がある。公明党の幹部は、すべて創価学会員であることを認めている。創価学会の宗教的な教えがどのようなものか私は知らないが、自民党と公明党の連立に関する政策協定が〝金目〟に関するものだけというのでは、あまりにも寂しいだろう。

正直に告白するが、私は自民党と公明党の連立に関する政策協定など読んでいない。私は公明党の政権参加は憲法二〇条に違反するものと考えている。憲法違反のことを平気で行おうとする者が、どのような美辞麗句で政策協定を書いても私はそんなものを信ずるつもりがなかったからである。

自社さ連立政権の政策協定も、あらゆる問題について疑問のないように詳細に書かれたものでは決してなかった。しかし、政権運営の基本を〝憲法の価値観〟、私流にいわせてもらえば〝リベラルな価値観〟で行おうということだけは確りと合意していた。自民党の河野洋平総裁、社会党の村山富市委員長そして新党さきがけの武村正義代表の三人の政治的考えや人間性には信頼に足りるものがあった。そこのところが確りとしてから、自社さ連立政権の時代にも困難な問題がいろいろと提起されたが、けっこう上手く解決することができたのだ。

このことは実は非常に大切なことなのである。政権にとって解決をしなければならない問題は無数にある。それまで放置されてきた問題を連立に参加する政党が解決を他党に迫るということはごく普通のことである。そこにまた連立政権の妙味もある。そのようなことに成功した場合、その政党は次の選挙で成果として訴えることができるであろう。それは否定されることではない。しかし、連立政権成立後、新しい想定していなかった問題が必ず起きる。政権を現実に運営する上でそれは避けて通れない。想定できない問題であるから、それを政策協定に盛り込むことはできない。その場合に必要なことは、連立運営の基本理念なのである。

他者には理解できない特殊な相互依存と信頼関係

自社さ連立政権も発足当時あまり評判は芳しくなかった。野合政権といわれた。公明党は自社さ政権の野党だった。公明党も他の野党と一緒に自社さ連立政権に対してそのような批判をした。自公連立もすこぶる評判は悪かった。しかし、自社さ連立政権と自公連立には決定的違いがある。

自社さ連立政権発足時には、衆議院の過半数を単独でもっていて、政権を単独で組織できる政党がなかったことである。連立政権でなければ、衆議院で過半数をもっている政権は作れなかったということである。どのような政党の組み合わせであろうが、違った政党同士が連立を組むのであるから批判はあるものである。それは細川非自民連立政権も同じであった。

しかし、自民党が公明党と連立を組んだ一九九九年（平成一一年）一〇月当時、自民党は衆議院で過半数を十分超える議席をもっていたのだ。連立を組まなければ政権を組織できなかった訳ではないのだ。法律を通すために必要な参議院では過半数がないといわれたが、一九八九年（平成元年）の売上税選挙でマドンナ旋風が吹いて自民党が惨敗した選挙以来、自民党は参議院では過半数をもっていなかったのだ。だが自民党は連立政権などと決していわなかった。必要な法律は野党各党と交渉をしながら成立させていった。当時私は国会にいたが、国政上重要な法律が参議院で通らなかったために大きな支障が生じたという記憶は特にない。

小渕内閣の時代、金融不安が生じ経済が低迷していたことは事実である。しかし、連立政権をどうしても作らなければならないという必要性を国民は感じてはいなかった。だから自民党が公明党と連立を組むことに対して拒否反応が強かったのだろう。

小渕首相およびその周辺と公明党は、そもそも〝はじめに連立ありき〟だったのだと私は思う。それは自民党時代のかなり前から続いていた特殊な関係があったからだと私は思っている。自民党小渕派と創価学会・公明党には、田中派以来連綿と続いてきたある種の相互依存関係と他派には理解できない信頼関係がきっとあったのだろう。

このことを推測させる事実を私はハッキリと記憶している。二〇〇一年（平成一三年）四月の自民党総裁選挙の際、橋本元首相が敗れて小泉総裁が誕生した場合、公明党は自民党との連立そのものを考えなければならなくなると公明党幹部が発言したことである。二〇〇〇年（平成一二年）六月の総選挙で創価学会・公明党は多くの自民党候補を推薦・支援した。そのような議員に対する明らかなプレッシャーであった。

しかし、自民党の低迷に強い危機感をもっていた自民党の党員や議員にそのようなプレッシャーは通じなかった。自民党の議員や党員は、自民党という母屋に火がついて燃えていると感じていたからである。〝自民党をぶっ潰す〟と叫ぶ総裁を据えるくらいの劇薬を使わなければ、その危機は超えられないと思ったのである。そしてその危機感は正解だったのである。自民党は〝自民党をぶっ潰す〟というトップを擁して肥大化した。見事な詐術であったが、詐術は所詮詐術でしかない。褒められることではない。

分かり難い不自然な自民党と公明党との関係

自公連立には、もうひとつ根本的問題というか疑問がある。連立政権というのは、基本的には選挙はそれぞれの政党が独自に戦い、選挙後ある政党が過半数をとれなかった場合にはじめて考えるのが普通である。過半数を得た場合でも、どの党との関係は重視するということはあろう。

一九九六年（平成八年）の総選挙において、自民党は選挙後も社会党（選挙に突入寸前に民主党と社民党に分裂した）と新党さきがけとの連携関係を重視することを言明した。それは単独で過半数をとる態勢がなかったこともあるが、自民党に対する不信感はいまだ払拭されていないと判断した上での政治的配慮に基づくものだった。そういう理由から、自民党の候補者がいない選挙区で連立のパートナーとなる他党候補を推薦したり支援することは否定されない。

現在の自民党と公明党との関係は、これとは明らかに異なる。自民党と公明党は、文字通り一体となって全選挙区で戦っている。自民党と公明党とが相争う選挙区などはひとつもない。

公明党は最初から全選挙区に候補者を擁立するつもりはない。だから公明党が自民党候補者を推薦することはあり得ることである。

しかし、公明党候補者はいるが自民党候補者がいない選挙区では、自民党支持者は自民党候補者に投票することができない。公明党候補者に投票することが自民党候補者に投票することと同じだという論理でなければこれは成りたたない。このような分かり難い不自然なことをするくらいだったら、自民党と公明党はひとつの政党になった方がいい。政党討論会などをみていると自民党と公明党の出席者は同じ与党席に座ってはいるが、その発言が大きく違うこともある。自民党候補者と思って投票してくれといわれて公明党候補者に票をいれた人は複雑な心境になるだろう。

〝政権党でいたい〟というのが動機と目的

公明党は〝福祉と平和の党〟ということを売りにしてきた。そのことは現在も変えていないようである。だが公明党はイラクに自衛隊を派遣するとき反対しなかった。イラクへの自衛隊派遣は、自民党単独では決してできなかったであろう。財政難を理由に各種の福祉は大幅に切り捨てられている。これだけは絶対に譲れない福祉政策だといって公明党が粘ったことなど記憶にない。

小泉首相の靖国神社参拝は、創価学会・公明党の主張からみたらそう簡単には譲れないことである筈だ。しかし、公明党はおざなりの反対をするだけだった。いまや自民党は創価学会・公明党の力を借りなければ、衆議院でも参議院でも過半数も取ることはできないであろう。だから公明党は連立の力をフルに利用すれば公明党の主張を自民党に迫ることは十分できるのだが、公明党にそのような気迫も気配もない。

以上いろいろな視点からみても、自民党と公明党との連立は特殊である。というより、異常である。この異常な連立を可能にしているのは、この連立が兎に角〝政権党でいたい〟という一点にその動機と目的があるからだろう。だからそれぞれの党のレゾンデートルに抵触するような場合でも、ほとんど緊迫したことにはならない。見事といえば見事な連立だが、私にはそれは浅ましく見えるのである。

自公連立の根本が兎に角〝政権党でいたい〟というところにある以上、自民党や公明党の主張の違いはほとんど意味がない。かえって政治的問題の所在を曖昧にするだけだ。それは時には、与党の詐術ともなる。創価学会の特異な体質として、詐術を平気で用いることだと創価学会ウォッチャーは指摘している。創価学会のこの体質は、いまや自民党にも政権全体にも染み付いてきたようである。

自民党と公明党は、もう〝合体〟している

「最近、永田町の政治記者の間では、公明党・創価学会のことを〝下駄の雪〟とは言わなくな

りました。雪だと暖かくなれば溶けて下駄から離れますが、公明党・創価学会は何があろうと絶対に自民党から離れない。ですから最近は〝下駄の石〟と言われています。下駄に挟まった石は取り外すことができない。公明党・創価学会はすでに自民党と一体化しており、離れることはないという意味です。もう〝自公連立〟ではなく〝自公党〟という一つの政党になっています。ただ、やがて〝石〟のほうが主人公になるでしょう。公明党・創価学会が自民党の上に立つ時期はもうすぐです。自民党は落ち目です。これを助けているのが公明党・創価学会です。とくに創価学会の選挙パワーが自民党を支えています」

森田実氏のＷｅｂサイトに紹介されていたある政治記者の話である。鋭い洞察力を持った政治記者である。いい得て妙である。特に「やがて〝石〟のほうが主人公になるでしょう」という部分は意味深長である。創価学会ウォッチャーの指摘によれば、庇を借りて母屋を乗っ取る、寄生獣（パラサイト）的体質も創価学会の特質だという。このことをこの政治記者はいいたかったのであろう。

「（公明党が）自民党と連立政権を組んだ時、ちょうどナチス・ヒットラーが出た時の形態と非常によく似て、自民党という政党の中にある右翼ファシズム的要素、公明党の中における狂信的要素、この両者の間に奇妙な癒着関係ができ、保守独裁を安定化する機能を果たしながら、同時にこれをファッショ的傾向にもっていく起爆剤的役割として働く可能性を非常に多く持っている」

と『創価学会を斬る』の中で著者の藤原弘達氏は指摘している。

自民党はいまや寄生獣（パラサイト）に犯されているのだ。もう〝古き良き〟自民党の誇りや気概などないのだ。だから私は自公〝合体〟政権と呼んでいるのだ。

安倍首相は、美しい国を作るのだという。安倍首相は、まずこの異常にしてあさましい自公〝合体〟政権を清算しないことには、美しい国など作れる筈がない。

5章　政教分離問題原論

1　自自公連立内閣は、憲法二〇条に違反する

この小論は、一九九九年（平成一一年）八月八日、テレビ朝日「サンデープロジェクト」で自公連立は憲法に違反すると発言したところ、問い合せ（もちろん、いやがらせは、その倍もありました）が殺到したため、取り急ぎ書き下ろし、小冊子にして国会内外に配布したものです。私の基本的見解は、ここで、すべてふれております。

なぜ、いま、政教分離を問うのか

一九七〇年（昭和四五年）の藤原弘達氏の著書『創価学会を斬る』をめぐる言論妨害事件以来、公明党と創価学会との関係が何度も国会で問題にされました。その都度、創価学会は、政教分離すると言ってきました。しかし、多くの国民は、これに疑問を持ってきました。

一九九三年（平成五年）八月一〇日、細川連立政権が誕生し、公明党・創価学会は、念願の政権参加を果たしました。

この前後の創価学会の最高実力者――池田名誉会長のはしゃぎようはたいへんなものでした。池田大作氏は、一九九三年（平成五年）八月八日、創価学会の長野研修道場で行われた本部幹

部会において、次のように発言しました。「皆さん方も頑張ってくれた。すごい時代に入りましたね。そのうちデエジンも何人か出るでしょう、ね。ね。もうじきです。ま、明日あたり出るから。あの、みんな、あの、皆さん方の部下だから。そのつもりで」

この発言は、多くの人々のひんしゅくを買うと同時に大きな不安を与えました。これを契機に、政教分離の問題について国民的議論が巻き起こりました。国会でも、多くの国会議員がこの問題をとりあげ、公明党と創価学会の関係は憲法上疑いがあると政府を追及しました。

そして、一九九九年（平成一一年）六月二一日、小渕恵三内閣総理大臣は、公明党との連立内閣をつくりたいと表明しました。

これを受けて公明党は七月二四日、党大会において連立内閣をつくることに合意することを決定しました。このことにより、自公連立内閣が誕生する可能性が極めて高くなり、長い間政教分離問題に関心を持ってきた人々から強い危惧と反対の声が発せられました。また、国民の間に強い疑念が持たれています。本小論は、憲法二〇条を中心とする政教分離の原則を明らかにし、自由民主党と公明党が連立内閣をつくることの憲法上の問題をも明らかにしようとするものです。

政教分離の原則とは

なぜ、政教は分離されなければならないのでしょうか。なぜ、公明党と創価学会の関係が問題にされるのでしょうか。それは、信教の自由を保障するため、憲法が政教の分離を定めているからです。

創価学会という宗教団体の存在それ自体は、①「思想及び良心の自由は、これを侵してはならない」（憲法一九条）②「信教の自由は、何人に対してもこれを保障する」（憲法二〇条一項前段）③「集会、結社及び言論、出版その他一切の表現の自由は、これを保障する」（憲法二一条一項）などからみて、当然のことながら憲法上何の問題もありません。

宗教団体である創価学会が、憲法の範囲内で政治活動をすることも、それ自体何の問題もありません。それは、憲法が基本的人権として保障するところであり、憲法を尊重する私たちが問題にする訳がありません。

問題は、そこから先です。

宗教団体の政治活動には、憲法上の制約があるのかないのかということを問わなければならないのです。

憲法は、まず、「信教の自由は、何人に対してもこれを保障する」（憲法二〇条一項前段）と定めています。これが、信教の自由に関する大原則です。

本来ならば、この大原則を明らかにするだけで十分なのですが、憲法はさらに五つのことを定めています。

〈政教分離の原則〉
①「いかなる宗教団体も、国から特権を受けてはならない」（憲法二〇条一項後段）
②「いかなる宗教団体も、政治上の権力を行使してはならない」（憲法二〇条一項後段）
③「何人も、宗教上の行為、祝典、儀式又は行事に参加することを強制されない」（憲法二〇条二項）
④「国及びその機関は、宗教教育その他いかなる宗教的活動もしてはならない」（憲法二〇条三項）
⑤「公金その他の公の財産は、宗教上の組織若しくは団体の使用、便益若しくは維持のため、これを支出し、又はその利用に供してはならない」（憲法八九条）

これが、憲法の定めている政教分離の原則です。

いずれも、公権力と特定の宗教団体との癒着を極めて具体的に禁止しています。②を除く他の四つは、権力が特定の宗教または宗教団体と癒着することを、権力の側からとらえて禁止しています。一方、②の「いかなる宗教団体も、政治上の権力を行使してはならない」という規定は、特定の宗教団体と権力との癒着を、宗教団体の側からとらえてこれを禁止しています。

なぜ、政教は分離されたのか

信教の自由を考える場合、内外の歴史を鑑みれば、特定の宗教や宗教団体に対する禁止や弾圧を禁じることが本来最も大切なことです。しかし、このような規定を何も設けずに、政教分離の原則を極めて具体的に設けたのはなぜなのでしょうか。

かつてのキリシタン弾圧のようなことは、「信教の自由は、何人に対してもこれを保障する」という大原則を明らかにすることによって、必要にして十分に排除できると考えたからです。憲法は、さらに一歩踏み込んで、信教の自由を実質的に保障するために、政教分離の原則を定めたものと解さなければなりません。

それでは、なぜ、憲法は権力と宗教団体との癒着を禁止したのでしょうか。特定の宗教団体と権力が癒着した場合、その宗教団体は他の宗教団体に比べ、優越的な地位を得ます。優越的地位を得た宗教団体は、宗教活動や布教活動において有利な立場にたつことになり、その結果、他の宗教団体の宗教活動や無宗教の人々の自由が侵されることになります。このことは、歴史の教訓として明らかなことです。

憲法は、信教の自由の保障に万全を期すため、特定の宗教や宗教団体への禁止や弾圧を排除することはもちろんでありますが、権力と特定の宗教や宗教団体が癒着することを禁止したのです。憲法は、法律上や予算上の癒着はもちろん、事実上の癒着もこれを禁止していると解すべきです。要するに、特定の宗教や宗教団体が、優越的な地位に立つことを禁じたのが政教分離の原則なのです。

政治上の権力の行使とは……

「いかなる宗教団体も、政治上の権力を行使してはならない」とは、具体的には、どのようなことを禁止しているのでしょうか。

国家権力は、立法権・行政権・司法権に分けられます。中世のヨーロッパの教会が行っていたように、現在の日本において、ある宗教団体がそのままの形で立法権や行政権を行使することは憲法上明白に禁止されていることであり、およそ考えられません。憲法は、権力が特定の宗教や宗教団体と結びつくことを具体的に禁止しているので、仮にある宗教団体が権力を簒奪しても憲法上何もできないのだから、この規定は意味のない規定であるという学説さえあります。

しかし、憲法を尊重する立場からは、このような解釈はとうてい採りえません。現在の日本において、ある宗教団体がそのままの形で立法権や行政権を行使することは、クーデタでも起こさない限りできません。仮に、そのようなクーデタが成功したとしても、憲法上は絶対に認められません。

しかし、ある宗教団体が実質的に支配する政党が、立法権を行使することはできます。また、議院内閣制のもとでは、議会の多数派は、内閣総理大臣を指名することができ、行政権を事実上支配できます。その多数派の政党が、事実上ある宗教団体に支配されていた場合、憲法上、何の問題もないといえるのでしょうか。

「いかなる宗教団体も、政治上の権力を行使してはならない」とは、まさに、このような状態を想定し、これを禁止したものと私は考えます。現に、このような学説もあります。

宗教団体の政治活動の限界

いかなる宗教団体も、ひとつの結社として政治活動をすることは、憲法で保障されています。しかし、一方、いかなる宗教団体も、政治上の権力を行使することを憲法は禁止しています。問題は、宗教団体の政治活動の憲法上の制約もしくは限界は何かということです。私は、ある宗教団体が実質的に支配する政党（以下、宗教政党といいます）を組織し、国政選挙に候補者をたてて選挙に臨むことは憲法上禁止されていると考えます。

なぜでしょうか。それは、いかなる政党も、国政選挙に出る以上は、権力獲得を目指すからです。宗教団体が直接であれ、間接であれ、権力を獲得しようという行為こそ、まさに憲法が禁止していることなのです。その宗教政党から何人当選者がでたということは本来関係ありません。ある宗教政党が、政権を単独で獲得するためには、衆議院で過半数以上をとらなければなりません。しかし、連立政権の場合ならば、何も過半数をとる必要はありません。この場合でも、その宗教政党は、国家権力に大きな影響力を行使できます。宗教団体は、宗教政党を介在させることにより、国家権力を直接掌握することもできれば、国家権力に対し大きな影響力を行使することもできます。

憲法は、宗教団体がこのようにして政治上の権力を事実上支配することを禁止しているのです。ある宗教団体が、国家権力を事実上支配した場合、その宗教団体は優越的な地位を得ます。法律上であれ、事実上であれ、特定の宗教団体がこのような優越的な地位を得ることを防止するために、憲法は政教分離を定めたのです。

自公連立内閣の違憲性

公明党が創価学会に実質的に支配されている政党であることは、国民周知の事実です。その証拠は山ほどあります。何よりも創価学会の会員は公明党が創価学会党であることを身をもって知っている筈ですし、ほとんどの人が生き証人です。

ちなみに、池田名誉会長の口ぐせは「天下を取る！」だそうです。このことに象徴されるように、政教を分離する気など、公明党＝創価学会には最初から念頭にないのです。政教分離をことさらに口にするのは、憲法が政教一致を禁止しているからであり、世を欺くための方便にすぎません。

以上を要約すれば、公明党は、政教分離を定めた憲法に違反する政党です。政教分離の原則に反する政党と自由民主党が、連立内閣をつくるということは、自由民主党がその意思により政教分離を踏みにじることになり、国民から強い反対を受けることは必至です。

民主主義を守るために必要な政教分離

ちなみに、政教分離は、信教の自由を守るために絶対に必要なことはもちろんですが、民主主義を守るためにも必要なのです。わが国の憲法の政教分離の原則は、アメリカ憲法の強い影響を受けて定められたものですが、アメリカの判例法理においてこのことが強調されています。

政治的意見の相違は、民主政治の建前に即していえば、何が公共の福祉であるかについての意見の対立です。異なる意見といっても、それは、互いに事実をつきつけ、理性に適った議論をつみ重ねることにより、正しい結論に達することが可能ですし、また、妥協も可能です。最後まで意見が対立した場合、多数決によって決することが許される問題です。

しかし、宗教的信条は、人の内面的確信のみに根拠づけられるものです。宗教的信条はその真否を世俗権力の前において証明する責務を負う必要がありません。言いかえれば、宗教の自由は、証明できないことを信ずる自由なのです。魂の救済に関する宗教的信条は、絶対的に自由であり、また自由であるべきものですが、それは内面的確信ですから、独自固有にして排他的・非妥協的という必然性を持っています。

政治的な意見の対立に、宗教的な対立が持ち込まれ、これがからみ合うと、その政治的意見の対立は強烈なものとなり、調整の余地のない固定的な対立となり、民主主義が破壊されるという理論です。興味深い理論です。

具体例をあげます。一九九六年（平成八年）の総選挙で自由民主党は、新進党は創価学会党であるという大々的なキャンペーンをはりました。このため、創価学会を宗教的理由によって支持しない、また、嫌悪する人は、新進党の理念や政策を他の政党のそれと比べて支持しないのではなく、創価学会党であることを理由に支持しなかった人が相当ありました。これは、新進党にとって不幸だったというだけではなく、日本の民主主義にとって不幸なことだったと思います。

しかし、信仰という人間の魂にとって極めて大切な問題である以上、このようなことは避けられないのです。このような事態が起きないように、民主主義を守るためにも、政教の分離がなされなければならないのです。

政教分離をしないと宗教が堕落する

また、政教を分離しないと、宗教そのものが堕落する。これも、アメリカの判例法理のひとつです。

「本来、礼拝は神に対する愛から捧げられ、入信を誘う布教伝道は、『光と明証』にもとづく説得により行なわれるべきであるが、これらの宗教的営為の背景に世俗政治権力の威信と権威が控える時、一方において、人民の『信じるか、信じないかの全き自由』が奪われるとともに、他方においては、宗教の側においては、ただ神に対する愛のみによって人を礼拝に導き、ただ光と明証のみによって入信させる熱意と、それどころか、その力量そのものが次第に失われて行くことになるのである」

これも、具体例をあげて考えてみましょう。公明党は、地方議会に多数の議員を持ち、地方自治体に大きな影響力を持っています。これらの地方議員は、地方自治体の公共事業の請負や参入に便宜をはかっています。また、公営住宅への入居や生活保護認定などのために特に精力的に活動しています。

このような活動そのものは、これに関して対価を受け取ることをしなければ違法とはいえません。また、このような活動を利用して創価学会に入信させたからといって、金品を受け取った訳ではありませんから、収賄罪に問われることもありません。しかし、このような世俗的利益を武器として信者を獲得することは、宗教的努力による布教活動ではありません。宗教的努力によらない布教活動は、長い目でみると、必ずその宗教を堕落させることになります。

公明党と創価学会の関係については、政教分離の観点から多くの国民が長い間疑問視し、強い批判をしてきました。このような批判がある場合、普通の健全な感覚を持った宗教団体ならば、そのような問題視される活動を自重するでしょう。しかし、創価学会は、このような疑問や批判に一切耳を傾けることをせず、口では政教分離をしているといいながら、その活動をますます強めてきました。創価学会の会員にとって、政治活動と選挙運動は宗教活動そのものだといわれています。創価学会は、公明党という世俗上の武器を持たなければ宗教団体としてやってゆくことができない、寂しい悲しい宗教団体だと指摘する人もいます。

宗教の健全な発展のためにも、政教分離されなければならないということを、宗教界はもちろん国民全体で考えてゆかなければなりません。

2　政教分離原則を確認する――白川勝彦議員に聞く

『週刊仏教タイムス』(仏教タイムス社刊)一九九九年一一月四日

――従来から白川代議士は、創価学会と政教一致の関係にある公明党の政権参加は、「いかなる宗教団体も国から特権を受け、または政治上の権力を行使してはならない」との、憲法二〇条一項後段の「政教分離」規定に違反すると主張されています。これに対して創価学会・公明党は、一九七〇年(昭和四五年)の言論出版妨害事件を契機に、創価学会・公明党が掲げていた「国立戒壇」論や「王仏冥合」論が憲法に違反するとして国会で問題になった時に出された政府見解や内閣法制局長官の答弁を引用して、憲法二〇条一項後段の「政教分離」規定は、国家と宗教の関係、あるいは国家権力と宗教団体の関係であって、宗教団体と政党すなわち創価学会と公明党との関係ではないと反論。白川代議士の主張は誤りだと大々的に宣伝していますす。これについてどう思われますか。

白川　まず第一に指摘したいのは、内閣法制局長宮の答弁内容がどういうものであるかということです。一九九三年(平成五年)の大出長官、そして一九九五年(平成七年)の大森長官の答弁を読んでみると、一般論としての宗教団体の政治活動の自由についての言及はあるが、創価学会と公明党の関係を論じているわけではないんです。宗教団体に政治活動並びに選挙運動はできるかと問われて、それは結構ですと答えているに過ぎない。また、宗教団体の推薦を受けた人物が国務大臣に就任するということについても、法的には別人格ですから、必ずしも「政教分離」原則に違反するものではないと言っているんです。ところが、創価学会・公明党は、法制局長官の一般論としての答弁を、あたかも創価学会・公明党の関係について発言したかのように我田引水し、鬼の首でも取ったかのように宣伝しているのです。

そもそも創価学会・公明党は、憲法二〇条一項後段の解釈について、これを国家と宗教の関係だと規定していますが、その解釈が妥当なのかどうか、きちんと検証する必要があると私は思っています。

創価学会・公明党は、憲法二〇条一項後段の「政教分離」原則を、国家と宗教との関係と位置づける理論的根拠として、条文にある「政治上の権力」とは、裁判権や徴税権、警察権などの「統治的権力」を意味すると主張している。したがって、これは国家権力だと言うんです。しかし、日本国憲法を解釈する上での重要なメルクマールであるマッカーサー草案に照らしてみると、そこには次のように書いてあるんです。

「No religious organization shall receive any privileges from the State, nor exercise any political authority」

「政治上の権力」に該当する部分には「political authority」とあります。これは「政治上の権威」を行使してはならないという意味と解釈できます。創価学会・公明党が言うような、国または地方公共団体がもっている「統治的権力」の行使を禁止するという意味ではありません。もし、「統治的権力」を指すのであれば、その場合は「political power」と書かれなければならない。したがって「統治的権力」の利用を禁止するものだという創価学会・公明党の主張は語彙の解釈という点から見てもおかしい。

——憲法の「政教分離」の規定を踏まえるならば、宗教団体が「統治的権力」を持つということ自体、そもそもありえないと白川代議士は主張されていますが。

白川　考えてもみてください。厳格な「政教分離」を求める現憲法のもとで、特定の宗教団体が徴税権・警察権・裁判権を国から委託され、行使することなどあり得るはずがありません。裁判は裁判所が専決することになっています。税金の徴収を国が特定の宗教団体に委託するなどということはありえない。もし、創価学会・公明党の主張を額面通り受けとめるならば、憲法二〇条一項後段の規定は、なんら実効性のない、意味のない規定ということになってしまう。そうした点から考えても、創価学会・公明党の解釈が正しいとは言えないと思います。

——こうした憲法の「政教分離」原則についての議論が、憲法学界では全く行われていないという点も、問題ですね。

白川　そうなんです。憲法学界の実状を端的に言わせてもらうならば、創価学会と公明党との関係を想定した上での憲法論議がまったくといっていいほどなされていない。したがって、創価学会と公明党との関係をきちんと把握したうえで憲法の「政教分離」の解釈をどうするかについて、きちんと検証、考究した論文がないんです。いわば教科書がない。にもかかわらず創価学会・公明党は教科書がないこと、すなわち創価学会・公明党の関係を検証した上で憲法論議がなされていないという事実を奇貨として、憲法の「政教分離」についての解釈は、国家と宗教の関係とするのが憲法学界の通説であり、この問題はすでに決着済みだと主張している。これは全くおかしな話です。

――もとより憲法学界の意向や政府見解、内閣法制局の見解は、憲法を解釈する上での指標であることは間違いありませんが、最終的な解釈ではないわけですから、政府見解や憲法学界の通説を「錦の御旗」のように振りかざすこと自体、おかしい。

白川　最終的な憲法解釈はなにかと言えば、最高裁判所の判例です。最高裁判所が、創価学会という特定の宗教団体に実質的に支配されている公明党という政党が政権に参画することが、憲法に抵触するかどうか、その是非について結論を出した時に、法律的には決着がついたということになるわけです。内閣法制局長官の答弁、それも創価学会と公明党の関係をストレートに答えているわけでもない答弁を金科玉条の如く振りかざし、あたかも最終決着であるかのように主張する創価学会・公明党の姿勢は、憲法論の上から言っても間違っている。
私が、公明党の政権参画は憲法二〇条に違反していると指摘すると、異常とも言えるほど過敏かつ過剰に反応するのは、それだけ痛いところをつかれているということではないんでしょうか。

——白川代議士は、九月末に放送されたテレビ朝日の『朝まで生テレビ』に出演され、創価学会の西口浩広報室長あるいは公明党の白浜一良参議院議員、遠藤乙彦、北側一雄両代議士らと、直接、「政教分離」問題について討論されましたが、今後、国会の内外でもこうした議論が大いになされる必要があるのではないでしょうか。創価学会・公明党は大きな媒体をもっていますし、巨大な金権力を背景に学界や世論を操作する力をもっている。放っておくと創価学会・公明党の憲法解釈が、既成事実化してしまうおそれがある。日本における「信教の自由」と「政教分離」の原則を守っていく上で、この点はゆるがせにできない大きな問題だと思いますが。

白川　私は議論しています。また、自民党の中でも同じような意見をもっている人はいっぱいいますが、今後、国会での論戦という点では、野党がこの問題をどう考え、どういう形で問題提起するかということにかかっていると思う。

おそらく野党は創価学会・公明党に関する「政教分離」問題を取り上げると思います。ただ、その時に注意してほしいのは、この問題は決して打算的な思惑でやってはならない、損得は抜きで考えて欲しいということです。

というのも、従来、創価学会・公明党の関係を含む「政教分離」問題を取り上げる政治家の姿勢に問題があったからです。創価学会・公明党の存在が自らにとって不利な時は、「創価学会と公明党は政教一致であり、憲法違反だ」と批判する。ところが、逆に創価学会・公明党が擦り寄って来ると、途端に「政教分離」問題を不問に付す。極めてご都合主義的というか打算的な対応をしてきた事実がある。その結果、創価学会・公明党のマキャベリスティックな戦略に籠絡されてしまった。この問題を取り上げる以上は、しっかりとした襟度をもってのぞむ覚悟が必要でしょう。

私は、憲法一九条の「思想及び良心の自由は、これを侵してはならない」という規定と、憲法二〇条の「信教の自由」の保障は、基本的人権を保障する一連一体の規定だと理解していますが、この条文は、日本国憲法の基幹であり、わが国は自由主義体制でいくということを宣言した重要な条文だと考えています。したがって、「信教の自由」を担保する「政教分離」原則について、きちんとした意見が言えるかどうかは、政党ならびに政治家にとって、真に自由や人権を守る政党であるか否かのリトマス試験紙だといっても言い過ぎではないと思います。
ですから、その点をきちんと踏まえた議論がなされることを期待しています。

――今回の自自公連立政権の発足に際しても、創価学会・公明党は非学会員の続氏を入閣させるなどマキャベリスティックな動きを展開しています。

白川　学会員ではない続訓弘氏を総務庁長官に登用したという点ですが、これは各種の世論調査の結果に示されているように、国民の間に自公連立に対する批判、アレルギーが非常に強い、また自民党内にも学会員の入閣を危惧する声があるので、非学会員を登用することで批判の矛先をかわそうという狙いなんでしょう。しかし非学会員が登用されたからといって、政教一致体質が変わったわけではない。したがって国民の皆さんは、こうした動きに幻惑されることなく、事の本質をよく見極めていって欲しいとおもいます。おそらく、創価学会・公明党としては、続さんの入閣で地ならしをした後、学会員を大臣に送り込むという二段構えの戦略を取るつもりなのではないですか。
それと政権に参画したとたんに公明党が、全日仏や新宗連などに対し、さかんにアプローチしていることを、私は、とても危惧しています。というのも、これまで「邪宗・邪教」と忌み嫌い、相手にもしてこなかったにもかかわらず、政権参画を契機に、突然、「信教の自由」を保障するので交流しましょうと言ってきているわけですが、政権入りと同時にそうした行動をとること自体、極めて傲慢というか、居丈高になっている感じがするのです。

実際、私と知己の教団関係者は、「公明党は政権党です。その政権党と皆さん交流しなくていいのですか」と恫喝されているように感じたと話していました。

まさにこういうことが、「political authority」の行使形態の一つと言えるのではないでしょうか。

――自自公連立政権の発足を受けて宗教者に望みたいことはありますか。

白川　創価学会・公明党の問題を含む「政教分離」問題について、私どもが真剣に取り組むのは、今の日本にとって自由や人権が重要であり、これを守らなくてはならないと思うからこそやっているのであって、宗教団体から頼まれたからやっているというようなレベルではありません。

そうした姿勢に関連して率直に言わせていただければ、「信教の自由」にストレートに結び付く問題であるにもかかわらず、「政教分離」問題に取り組む宗教者や宗教団体の姿勢が脆弱のように思われます。教団幹部あるいは信者のかたがたと話す機会もありますが、正直、熱いものが感じられないのです。

もし、この問題で立ち上がることができない、団結することができない宗教者もしくは宗教団体があるとすれば、必ず将来その責任を宗教者の内部からも問われる時が来るでしょう。いまこそ宗教者は自らの生命線である「信教の自由」を守るためにどのような行動をすべきか、真剣に考究し立ち上がるべき時なのではないでしょうか。私にあえて言わせていただきたい。

「すべての宗教者、団結せよ！」

3　改めていま、政教分離を考える

私のWebサイトの書き込み交流広場（BBS）に、多くの方々が政教分離についての考えを述べておられます。これに関連してこれまで述べてきたことに若干の新しい見解を付け加えて私の考えを述べてみたいと思います。

政教分離とは何と何を分離することか

政教分離とは、いったい何と何とを分離せよということなのでしょうか。政教分離の「政」とは、政治権力のことであります。政治という意味ではありません。政治権力とは、具体的にいえば国家権力と地方公共団体の権力です。政教分離の「教」とは、宗教団体のことです。教団といってもいいでしょう。宗教一般という意味ではありません。まず、このことをハッキリさせないと単なる言葉の遊びになってしまいます。

そして、政教分離を論ずるとき、いま一番問題になっている条文は、いうまでもなく憲法二〇条一項の「信教の自由は、何人に対してもこれを保障する。いかなる宗教団体も、国から特権を受け、又は政治上の権力を行使してはならない」です。ここにいう「いかなる宗教団体も、政治上の権力を行使してはならない」とは、だれに対しどういうことを禁止しているのかということです。信教の自由を大切に考える立場にたつ者は、これを厳格に解釈することになるし、そうでない立場にたつ者は比較的ルーズに解釈することになります。私は、憲法二〇条は憲法一九条とならんで国民の自由権を保障する最も根元的な規定であると考えますから、当然のこととして厳格に解釈する立場に立ちます。ちなみに、憲法一九条とは「思想及び良心の自由は、これを侵してはならない」という規定です。

「いかなる宗教団体も、政治上の権力を行使してはならない」の主語は、宗教団体であることはいうまでもありません。創価学会や公明党は、憲法は権力を規制するものであって宗教団体を含めてそれ以外のものを規制するものではないと主張しています。ですから、この条文も「国家権力が宗教団体に政治上の権力を行使させてはならないことを定めているのだ」と主張していますが、そのように解釈しなければならない根拠は特段ないと思います。憲法は現に国家権力以外の者に対してもいろいろな規制をしています。一例をあげれば、「国民は、法律の定めるところにより、納税の義務を負う」(憲法三〇条)。従って、この条文は宗教団体が政治上の権力を行使することを禁じていると解すべきです。

宗教団体の政治活動の制約ないし限界

それでは、「宗教団体が政治上の権力を行使する」とはどういうことをいうのか。この条文の解釈のいちばん肝心なところです。

まず、創価学会や公明党の考えをみてみましょう。創価学会や公明党は、「宗教団体が国や地方公共団体から委託を受け、裁判権や徴税権や警察権を行使すること」が、宗教団体が政治上の権力を行使することであり、これは憲法違反になるが、それ以外のことは何の制限はないといっています。しかし、現行憲法のもとでは、宗教団体が国から委託を受け裁判所や徴税権や警察権などを行使すること自体が違憲といわざるを得ません。そして、事実上も想定することすらできません。例えば、創価学会が国から委託を受け裁判権を行使するというケースを考えてみましょう。誰がいったい裁判官をやるのでしょうか。誰が検察官になるのでしょうか。そのような暗黒裁判の被告人の弁護人はどういう資格をもった人がなるのでしょうか。想像することさえできません。私の見解に対する執拗なくどくどとした創価学会や公明党の反論を要約して裏返すと以上のようになります。

国民の信教の自由を真剣に考える立場にたてば、創価学会や公明党のこのような解釈をとりえないことは明らかです。この条文の解釈は、信教の自由を守るという理念にたって解釈しなければなりません。まず最初に、憲法がなぜ宗教団体と権力との関係を問題とする規定を設けたのか考える必要があります。それは、立派な宗教者は世俗の権力などには無関心かもしれませんが、一般の人々にとっては世俗の権力というのは大きな意味をもった存在だということです。ある宗教団体が権力と特別の関係をもったとき、その宗教団体は他の宗教団体や無宗教の人々に対して優越的地位を得ることになり、他の宗教団体や無宗教の人々の信教の自由を守るという見地からみて好ましくない、こう考えたからだと思います。ある宗教団体がその信じるところを布教するに際し、世俗の権力を使ったり利用してはならないということを定めた規定であると私は考えます。

このような立場にたって、「いかなる宗教団体も、政治上の権力を行使してはならない」を解釈すると、これはかなり広範囲に宗教団体の活動を規制していると考えます。確かにいかなる宗教団体も、ひとつの結社として政治活動をすることは憲法で保障されています。しかし、一方ではいかなる宗教団体も政治上の権力を行使することを憲法は明確に禁止しています。問題は、宗教団体の政治活動の憲法上の制約もしくは限界は何かということです。ひとつの結社である宗教団体に政治活動の制限を加えることは、憲法二一条に定める集会・結社・表現の自由などの規定から許されないのではないかとの考えもあります。しかし、信教の自由を守るというより高次元の目的のため宗教団体に一定の制限を憲法自らが設けることはありえることであり、憲法は何ら矛盾していないと考えます。

「政治上の権力の行使」とはなにか

私は、ある宗教団体が実質的に支配する政党（以下、宗教政党といいます）を組織し、国政選挙に候補者をたてて選挙に臨むことは憲法上禁止されていると考えます。なぜでしょうか。

それは、いかなる政党も国政選挙に出る以上権力獲得を目指すからです。宗教団体が直接であれ、間接であれ、権力を獲得しようという行為こそ、「いかなる宗教団体も、政治上の権力を行使してはならない」として憲法がまさに禁止していることなのです。その宗教政党から何人当選者が出たということは本来関係ありません。ある宗教政党が、政権を単独で獲得するためには、衆議院で過半数以上をとらなければなりません。しかし、連立政権の場合ならば、なにも過半数をとる必要はありません。この場合でも、その宗教政党は国家権力に大きな影響力を行使できます。

宗教団体は、宗教政党を介在させることにより、国家権力を直接掌握することもできれば、国家権力に対して大きな影響力を行使することもできます。憲法は、宗教団体がこのようにして政治上の権力を事実上支配すること、また支配しようとすることを「政治上の権力を行使する」こととして禁止しているのです。特定の宗教団体が国家権力を事実上支配した場合、その宗教団体は他の宗教団体と比べ権力との関係で優越的地位を得ます。特定の宗教団体がこのような優越的地位を得ることを防止するために、憲法は政教分離の原則を定めたのです。

創価学会や公明党は、両者は法律的には別個の存在であると盛んに主張していますが、法律的に別個の存在であることは当然です。そんなことが問題なのではなくて、創価学会と公明党との関係が支配―被支配の関係にあるのかどうかが問題なのです。創価学会に実質的に支配されている政党であるかどうかなのです。創価学会と公明党は、両者が政教分離していることを世間に印象付けるためにいろいろな努力をしていることは確かです。しかし、公明党という政党は、創価学会という宗教団体を抜きにして存在し得るのでしょうか。私は存在することはできないと考えています。その存在自体を創価学会に依存している以上、公明党は創価学会に実質的に支配されている政党といわざるを得ません。

また、創価学会や公明党は、公明党が国会に進出してから信教の自由を脅かすようなことをただの一度でもしたことがあるかといいます。公明党は、信教の自由をどの政党より大切に考える政党だとも主張しています。しかし、もし公明党が信教の自由を脅かすようなことをしたとすれば、それ自体が大問題です。公明党が国会に進出すること、そして現在のようにわずかな議席とはいえ現に自公保連立政権の一角を占めていることが問題なのです。公明党の連立政権への参加は、公明党を実質的に支配している創価学会が政治上の権力を行使しているといえると考えられるからです。これこそまさに、「いかなる宗教団体も、政治上の権力を行使してはならない」という憲法の規定に真正面から違反していることではないでしょうか。

国会議員の責務と政治家の使命

このような事態を目の当たりにしてこれに目を背けることは、国会議員として、また政治家として許されることでしょうか。憲法九九条は、「天皇又は摂政及び国務大臣、国会議員、裁判官その他の公務員は、この憲法を尊重し擁護する義務を負う」と定めています。これは憲法遵守義務と呼ばれています。たとえ私と同じ考え方にたたないとしても、憲法に「いかなる宗教団体も、政治上の権力を行使してはならない」とある以上、日本語を普通に理解する者ならば自公連立は憲法上疑義があると考えるのは極く自然なことではないでしょうか。自公連立を積極的に推進した政治家はいずれ歴史の断罪を受けることでしょう。多くの国民は自由民主党と公明党の連立に反対してきました。このような状況があるにもかかわらず、自らの政治的利益を優先し自公連立を消極的であれ容認してしまった政治家も、その責任を歴史に問われることになるでしょう。自由民主党の国会議員としてその渦中にいてこれを阻止し得なかった私は、自らの非力を不甲斐なく思います。そして、創価学会・公明党の攻撃を受け現在の境遇にあることはその贖罪と思っています。

政治家の使命とは一体なんでしょうか。いうまでもなく国家の独立を守り、社会の安全を確保し、国民の政治的・経済的・社会的自由を増進することであります。一九四五年（昭和二〇年）戦争に負けたわが国を廃墟の中から今日の繁栄する国にしたものはいったい何だったのでしょうか。廃墟の中とはいえわが国には、高い教育を受けた国民がいました。高い技術力もありました。そして、民族的団結心もありました。しかし、新しく制定された日本国憲法が国民に自由を保障したことにより、国民の能力が各分野にわたって引き出され、これが結実した結果であることはだれも否定できないのではないでしょうか。このようにして発展してきたわが国もあらゆる分野で閉塞状況に陥り、政治的・経済的・社会的発展が停滞しています。いま、わが国に必要なものは、いま一歩高次の自由です。あらゆる分野での自由化を進め、国民の自由闊達な行動を確保することです。これ以外に、わが国が今日の閉塞状況を打ち破ることは決してできません。

二一世紀を目前にしたこのときに、また日本の自由をいま一歩推し進めなければならない現在、自自公連立そして自公保連立政権が誕生したことは、わが国の政治家が考えている自由のレベルを十分に物語るものです。公明党が参加している政権は憲法二〇条に違反する政権であり、それ自体が「思想・良心・信教の自由」を脅かすものです。このような政権のもとでは、国民の自由闊達な活動がなされ、それらが結実していくことを期待することはとうていできません。政治的自由のないところには、経済的自由も社会的自由も決して期待できません。そればかりではなく、公明党の政権参加は社会のいろいろな場面で亀裂をもたらしています。宗教は魂の救済をもとめるものです。従って宗教的パッションに基づく自公連立反対は、政治を非常にギスギスしたものにしています。政治に和解できない対立を生んでいます。また自由を基調とする先進諸国から、わが国は早晩侮蔑と失笑をかうことになるでしょう。

自由があるからといって、幸せになる保障はありません。しかし、自由のないものは、決して幸せになることができません。魂の自由がない国に、真の勇者は生まれません。真の勇者がいない国が発展するはずがありません。自公保連立政権がつづく限り、わが国はこの命題から逃れることはないでしょう。だから、私は自公連立に反対してきたし、いまも反対なのです。

自公連立と戦うことを止めるときは、私が政治を止めるときです。

あとがき

私はいま東京・西新橋に白川勝彦法律事務所を開設し、弁護士業務で生計を営んでいる。私が弁護士登録し、その仕事に就いたのは一九七二年（昭和四七年）二七歳の時であった。私は政治家として生きていくことが本望だった。しかし、職業として政治家の職に就いたのは、一九七九年（昭和五四年）衆議院議員に当選した時からである。三四歳であった。この間なにかをして生きていかなければならなかった。弁護士はそれとなく生きていくための仕事として恰好なものであった。束縛される時間の割にはそれなりの収入を得ることができるからである。

私は一九七五年（昭和五〇年）三〇歳の時に郷里衆議院新潟県四区（現六区）に帰り、衆議院議員を目指して政治活動を始めた。地盤や鞄があった訳でないので、弁護士の仕事で政治活動を賄う資金を稼ぐしかなかった。衆議院選挙を戦うにはそれなりの政治資金が必要である。弁護士の業務にある程度専念すれば、最低限必要の政治資金を得ることができた。三〇歳から初当選するまでの約四年間、昼間は弁護士業に専念し、それ以外の時間帯は政治活動に没頭した。

弁護士として名声を博し、それを政治活動に繋げようという考えは私に全くなかった。弁護士の仕事は、たまたまその資格があるのでやっただけで、政治資金を得る手段であった。弁護士の仕事を一生懸命やれば、確かにかなりのお金を稼ぐことができた。しかし、私にとっては政治資金を得ることが目的なのであって、お金を稼ぐことは目的ではなかった。だから必要な政治資金を得ることができれば十分なのであって、それ以上の仕事をする気はなかった。

衆議院議員に当選した時から、弁護士登録はしていたが普通の弁護士の仕事は一切していない。選挙を通じて私が弁護士であることは地域で広く知られることになった。弁護士にとってそれは大きなメリットである。弁護の依頼者は沢山きたが、すべての弁護依頼を私は友人の弁護士に委ねた。衆議院議員に当選したからには、政治資金を弁護士の仕事で稼ごうとは思わなかった。二足の草鞋は駄目だと考えたのである。政治家は政治家として政治資金を得ることができなければ一人前の政治家ではない、私はそう考え懸命に努力した。

世間は政治資金というものに誤解があるようである。政治資金は濡れ手に粟で集まると思っているようだがとんでもない。一〇〇万円の政治資金を得るためには、弁護士業でいえば一〇〇〇万円に相当する仕事をしなければならないのだ。政治資金は〝お賽銭〟のようなものである。政治家として一生懸命に活動していることを評価してくれた人々が、好意で政治家に恵んで下さるものなのである。足りないからといって文句をいう訳にはいかないのだ。請求書を出すことなどできないのだ。政治家として一生懸命活動していることを評価してくださった方々が、政治家も霞を食って生きてはいけないと察し、政治資金規正法に則り拠出して下さったものをありがたく頂くのである。請求書を出すような政治家は、いつか必ず事件に巻き込まれる。奇麗事をいっているのではない。これが実情なのである。

私は衆議院議員に当選して三〇年近く政治家として生活費を得ていた。衆議院議員としての歳費である。しかし、二〇〇〇年（平成一二年）六月二五日の総選挙で落選して以後、歳費を頂ける公職に就いていない。政治家として生きることが私の天職だ、と私は信じてきた。だから、その後三回も選挙に立候補したが、その目的を遂げることができなかった。どのような立場から立候補しても、創価学会・公明党は私の当選を妨害してきた。なかなか執念深い執拗な相手である。それは仕方がない。本当の政治的戦いなのであるから。

かくすればかくなるものと知りながら　やむにやまれぬ大和魂（吉田松陰）

私一人の身ならばなんとでもなる。私たち夫婦に子供はいないが、夫として妻の最低限の生活を確保する義務がある。六三歳で年金暮らしという訳にはいかない。私は公職で生計を立てることを断念し、弁護士業を再開することにした。二〇〇八年（平成二〇年）五月、白川勝彦法律事務所を東京・西新橋に開設した。弁護士業務を再開するに当たり、私には期するところがあった。弁護士の業務は多岐多彩であるが、多重債務に苦しんでいる人たちの力になる仕事をしたいと考えたのである。

多重債務で苦しんでいる人が多いことは知っていた。その実態を知れば知るほど、それは政治の貧困が招いたものであり、政治に携わっていた者として責任があると考えていた。もし弁護士業務を再開し法律事務所を開設する場合は、多重債務者の力になる業務をひとつの柱にしようと考えていた。もうひとつは不当な刑事事件の弁護である。最近の警察・検察の横暴・人権無視は、目に余るものがある。国家公安委員長として警察行政に与った者として、かかることを許していたら国家国民のためにならないと考えていた。私自身が二度も違法な職務質問を受け、警察の現場が相当に酷いことになっていることに驚愕した。これを正さなければ、警察に対する国民の信頼は生まれてこない。国民の信頼と協力がなければ、強い警察など望むべくもないのだ。これは国家公安委員長の時からの一貫した信念である。

白川勝彦法律事務所が多重債務問題に力を入れていることが知られるにつれて、多くの人々が私の事務所を訪ねてくる。債務整理の依頼を受けると、依頼者の生活状態を詳しく尋ねることになる。そのような相談に与ると、実に多くの人々が悲惨な状況に追い込まれていることがよく分かる。多重債務に悩んでいる人々の大半は派遣社員かパートタイマーである。派遣社員やパートタイマーの法的地位は非常に劣悪である。かつ派遣社員・パートタイマーの賃金はきわめて低い。小林多喜二の『蟹工船』が売れている理由がよく分かる。私たちはこんな日本を作ってきた覚えはない。こうした状況は自公〝合体〟政権が誕生してから特に顕著になってきた。私は債務整理の相談・依頼に応じるたびに、自公〝合体〟政権の悪政に大きな怒りを覚える。

多額の借金を抱える場合、自己破産という途もある。破産したからといって戸籍に朱で書かれる訳ではないし、普通の仕事ならばそれほど不都合がある訳ではない。もちろんギャンブルや遊興費で多額の借金を作った場合は、不許可事由になる。そうでない場合、最近の裁判所は破産を許可してくれることが多い。そのことを説明しても、多くの多重債務者はできれば任意整理を希望する。苦しくても自分で作った借金は自分で返そうと思うのである。ただでさえ苦しい生活費の中から月々の返済金を捻出することは、大変であるし可哀想である。しかし、多くの人々は自分のやったことには、自分でけりを付けようと必死に努力しているのである。

翻って自公〝合体〟政権の政治をみれば、万事が〝あとは野となれ、山となれ〟という政治だ。自分たちが政権を保持し、甘い蜜を吸えればそれでよいという無責任極まりない政治のあり様だ。そんな輩にかぎって、天下国家だとか国益という言葉を乱発する。責任感と緊張感をもって長い間政権党の一員として政治の道を必死に歩んだ者として、このような奴輩をみていると反吐が出る。厚顔無恥の政治家たちである。

その根源を探ってみると、公約を公然と踏み躙った自公連立に行き当たる。大事なところで節を曲げ変節してしまった者は、根っ子が腐っているのだ。根っ子が腐っている木が早晩倒れることは間違いないのだが、自然に朽ち果てるのを待っている訳にはいかない。その間、多くの国民は塗炭の苦しみを味わい、先人が築きあげてきた遺産を食い潰してしまい、国家として再生できなくなる虞さえある。現状がまさにそうである。

自公〝合体〟政権に今日の苦境の原因があると多くの国民が気が付いてきた。自公〝合体〟政権を解体しなければ、国民生活は危殆に陥ると多くの国民が思い始めている。その秋《とき》は迫りつつある。だが安心はできない。自公〝合体〟体制は、権力を手放なさないためにありとあらゆる悪辣な手段を弄することは間違いない。自公〝合体〟体制は、貪欲であり卑しく一筋縄ではゆかないのだ。自公〝合体〟体制を〝政権〟から放擲するまで、油断は禁物である。

本書は迫りくる戦いの本質を明らかにし、国民が勝利を確実に収めるために緊急に出版されることになった。国家と国民の未来を切り拓く戦いの一助になれば、これに優る幸せはない。それ以外の何ものも私は求めていない。

私に戦いの場を与え、このたび本書に掲載することを快諾して頂いた各出版社に心から謝意を表する。本書の出版を企画し、すべてを犠牲にして戦いに間に合うように発刊に漕ぎ着けて下さった花伝社社長の平田勝氏に感謝する。

本書を困難な状況の中で私を励まして下さった多くの友人、そして自公〝合体〟政権と戦うすべての人々に捧げる。

平成二〇年一〇月吉日

白川勝彦

白川勝彦（しらかわ　かつひこ）

1945年新潟県十日町生まれ。1968年東京大学法学部卒。1971年司法修習を終え、弁護士に。1975年30歳で衆議院選挙に立候補を決意、郷里の新潟4区（当時、現在の新潟6区）で政治活動を始め、1979年34歳で初当選（以後、当選6回）。

国土政務次官、郵政政務次官、商工委員長などを務めた後、1996年11月自治大臣・国家公安委員長に就任。自民党では、総務局長・団体総局長・新潟県連会長などを務める。2001年2月自民党を離党。公明党の政権参加を批判する新党・自由と希望を設立。

現在、弁護士。

著書に『自自公を批判する』（花伝社）、『いまリベラルが問う』（イプシロン出版企画）など。日々更新される「永田町徒然草」が読める著者のサイトは、毎日1万アクセスを誇る。URLは、http//www.liberal-shirakawa.net/index.html

白川勝彦法律事務所
〒105-0003　東京都港区西新橋2-39-8 鈴丸ビル3階
電話：03 (5425) 4710　FAX：03 (5425) 0029

自公連立解体論

2008年10月10日　初版第1刷発行

著者 ―― 白川勝彦
発行者 ―― 平田　勝
発行 ―― 花伝社
発売 ―― 共栄書房
〒101-0065　東京都千代田区西神田2-7-6 川合ビル
電話　03-3263-3813
FAX　03-3239-8272
E-mail　kadensha@muf.biglobe.ne.jp
URL　http://kadensha.net
振替 ―― 00140-6-59661
装幀 ―― テラカワアキヒロ
印刷・製本 ―― 中央精版印刷株式会社

ISBN978-4-7634-0529-6　C0031